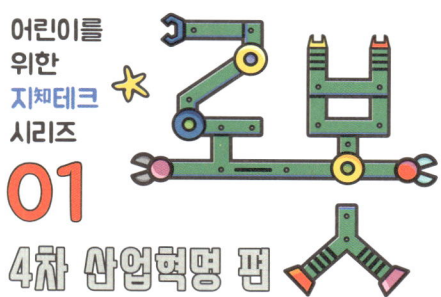

어린이를 위한 지치테크 시리즈 01
로봇
4차 산업혁명 편

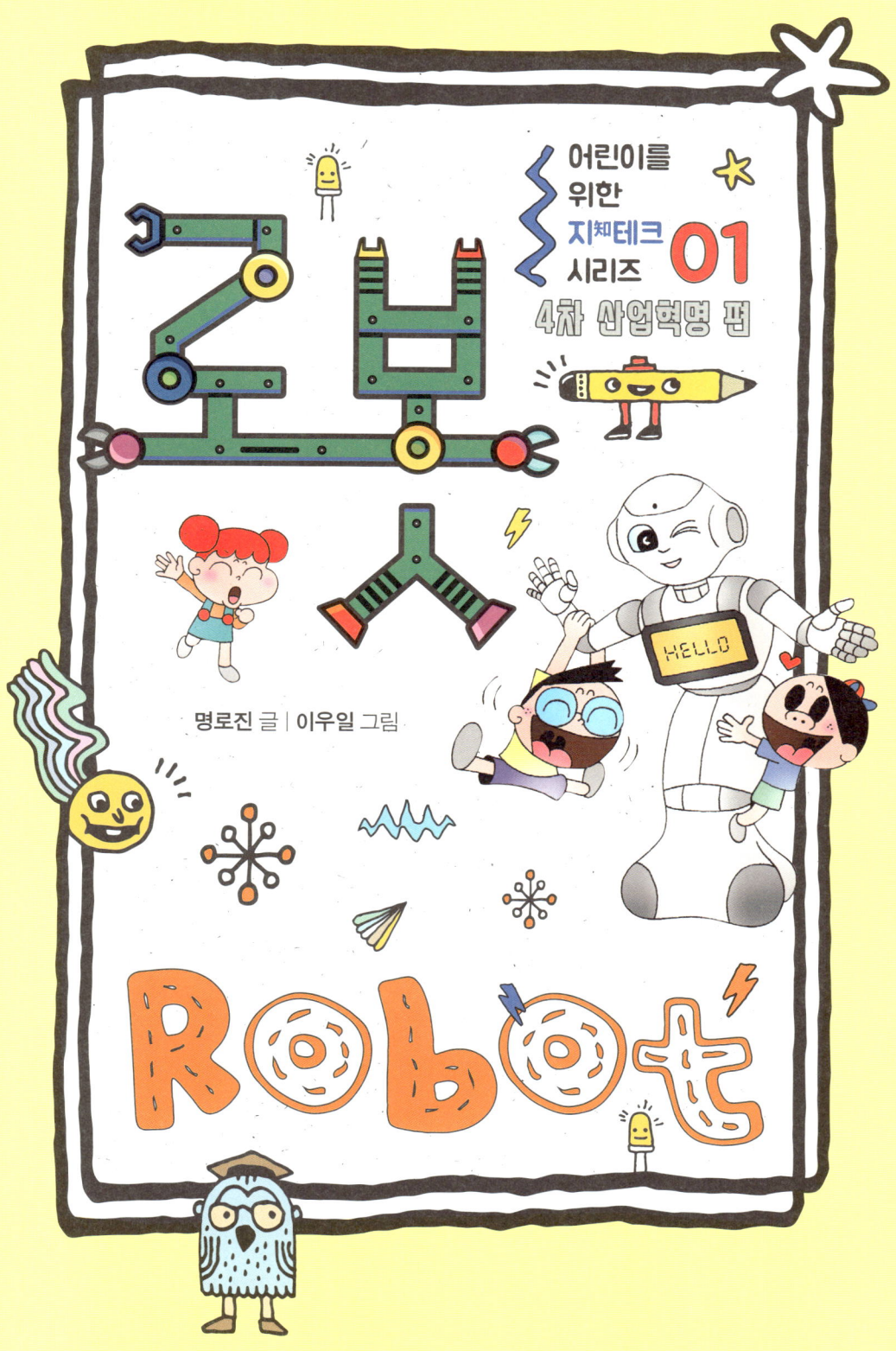

로봇, 우리의 친구일까? 적일까?

오래전 옛날을 생각해 보세요. 원시시대 사람들은 손으로 열매를 따고, 발로 뛰어다니며 짐승을 잡았어요. 어느 날, 누군가 돌맹이를 들어 나뭇가지를 치니 가지가 잘 잘렸지요. 이때부터 인간은 도구를 이용했답니다. 그렇게 수만 년이 지나서 누군가 또 날카로운 돌도끼로 나뭇가지를 잘랐어요. 도구는 사람의 손과 발을 대신했어요. 처음에는 돌을 갈아 도구로 쓰다가 청동기로, 또 철기로 바뀌었지요. 인간이 도구를 쓴 이유는 손이나 발이 가진 단점을 훌륭하게 가려줬기 때문이에요. 발로 걷던 사람들은 수레를 탔고, 자전거를 발명했고 또 자동차를 만들었어요.

이 모든 것은 일을 보다 편리하게 하기 위해서입니다. 인간은 손이나 발, 몸의 어느 한 부분을 대신하는 기계를 점점 복잡하게 만들었어요. 인간을 대신하는 기계장치, 이것이 로봇의 시작입니다. 처음에는 우리 몸의 기능 하나를 대신하던 기계가 이제는 말도 하고 손이 하던 일도 대신하고 발의 역할도 하게 됐답니다. 청소하는 로봇이 생기니 더 이상 힘들여 청소를 하지 않아도 되었고, 물건을 운반하는 로봇 덕에 무거운 물건을 들다가 허리를 다치는 사람도 줄었어요. 순찰하는 로봇이 생겨서 밤을 새워 창고를 지키지 않아도 됐고, 탐사 로봇 덕분에 우리는 깊은 바다나 산소가 없는 우주 공간을 관찰할 수 있게 됐습니다.

하지만, 로봇이 인간의 모든 일을 대신한다면 우린 무엇을 해야 할까요? 로봇 때문에 우린 일자리를 잃을 수도 있고 돈을 벌지 못할 수도 있어요. 로봇은 우리를 편리하게 만들어 주기도 하지만, 로봇 때문에 우리 삶이 불안해질 수도 있지요. 많은 학자들은 미래 사회에 로봇 덕분에 우리가 더 잘살 수 있다고 하지만, 어떤 학자들은 로봇이 우리를 불행하게 만들지도 모른다고 주장합니다.

애니메이션이나 공상 소설에 나오는 로봇 말고도 우리가 사는 21세기에는 많은 분야에서 로봇이 좋은 일을 하고 있어요. 아픈 사람을 위로하거나 외로운 사람의 친구가 되기도 하면서요. 물론 로봇 한 대가 몇 명의 일자리를 대신하기에 한꺼번에 많은 사람이 직장을 떠나는 일도 있지요.

이 책에서는 로봇의 역사와 현재를 살펴보고 앞으로 우리가 로봇하고 어떻게 살아가야 할지도 이야기하고 있어요. 로봇은 이제 우리 사회 곳곳에서 활약하고 있고 앞으로 점점 더 많은 분야에서 우리를 대신하게 될 것입니다. 이 책을 즐겁고 재미있게 읽으면서 생각을 넓고 깊게 가지는 여러분이 되시길 바랍니다.

2018년 2월
테크놀로지와 인문학을 생각하는
명로진 아저씨가

차례

- 머릿말 ——————— 4
  로봇, 우리의 친구일까? 적일까?
- 들어가며 ——————— 8
  4차 산업혁명이란?
- 등장인물 ——————— 10

1장
으스스 프랑켄슈타인, 상상이 현실이 되다

니 숙제 내가 해 ——————— 14
궁금하면 물어 봐 ——————— 16
레볼루 박사의 서재 ——————— 17
인간이 로봇을 만든 이유 ——————— 19
로봇 3원칙 ——————— 28
미래가 궁금해 ——————— 42

2장
사람을 닮은 로봇

모빌리를 타고 미래로 ——————— 46
미래의 로봇 ——————— 53
막다른 골목 ——————— 56
빨간 약, 파란 약 ——————— 59
모피어스의 회상 ——————— 62
외로울 때는 나랑 놀아 ——————— 66
특별한 간병인 인터뷰 ——————— 68

3장
사람의 팔을 대신한 유니 메이트

산업용 로봇의 아버지 ——— 84
인간 없는 공장 ——— 87
살아남는 직업 ——— 89
우주로 간 아이들 ——— 97

4장
뱀 로봇 한번 잡쒀 봐

전쟁의 한 복판으로 ——— 108
다르파 로보틱스 챌린지(DRC) ——— 117
재난 구조 로봇 대회가 생긴 이유 ——— 122

5장
상상 속의 로봇

아주아주아주 작은 ——— 138
2030년 미래의 모습 ——— 142
사이보그 아닌가요? ——— 148
로봇, 인간이 되고 싶은 ——— 150
정리는 레볼루 박사님의 몫 ——— 154

◆ 나의 자유학년제 대비
　나는 어떤 진로를 택하면 좋을까? ——— 156

들어가며

4차 산업혁명이란?

"혁명이란 모든 것을 밑바닥부터 빠르게 바꾸는 것을 말합니다. 공업과 경제 부분에서 일어난 아주 큰 변화를 산업혁명이라고 하지요. 우리 인류가 살아 오면서 지금까지 크게 3번의 산업혁명을 거쳤어요.

1차 산업혁명은 1760년에서 1840년 사이 영국과 유럽에서 일어났습니다. 증기기관이 발명되고 철도가 건설되면서 **기계로 물건을 만들기 시작했다**는 것이 특징입니다. 그 이전까지 인류는 수만 년 동안 한 물건을 처음부터 끝까지 손으로 만들었지만 이때 비로소 기계를 써서 생산을 했지요.

2차 산업혁명은 19세기 말에서 20세기 초까지 유럽, 미국, 일부 아시아 등에서 일어났습니다. **전기를 사용해서 대량으로 물건을 만들었다**는 것이 특징입니다. 그 이전까지는 기계로 물건을 만들어도 한꺼번에 많은 양을 만들지는 못했어요. 전기를 발견하고 기계를 돌리자 엄청나게 많은 물건을 빨리 만들 수 있었지요.

3차 산업혁명은 1960년대부터 전 세계에 영향을 끼치면서 시작됩니다. **컴퓨터와 인터넷을 통해 지식 정보를 공유한다**는 게 특징이에요. 이제는 눈에 보이는 물건이 아니라 눈에 보이지 않는 그 무엇이 중요해집니다. 이 시대를 디지털 혁명 시대라고도 합니다.

　　4차 산업혁명은 21세기부터 시작되었어요. **디지털 기술로 인류가 하나로 연결된다**는 특징을 갖고 있어요. 페이스북과 구글 같은 소통 연결망, 무인자동차나 로봇 같은 인공지능 기계, 엄청난 양의 정보를 뜻하는 빅데이터와 클라우드 저장, 그리고 나노 기술과 사물인터넷까지 다양한 분야에서 거대한 변화가 이루어지고 있지요. 그 변화는 바로 여러분이 만드는 것이랍니다."

덧붙이는 이야기

- ◆ 세계 인구 중 12억 명은 아직 2차 산업혁명 이전 시대에 살고 있다. 이들은 아직 전기를 사용하지 못한다.
- ◆ 세계 인구의 절반이 넘는 40억 명이 아직 인터넷을 사용하지 못한다. 당연히 게임도 할 수 없다.
- ◆ 세계 인구 중 35억 명은 아직 스마트폰을 갖고 있지 않다. 전 세계에서 인구 대비 스마트폰을 가장 많이 가진 나라는 대한민국으로 인구의 91퍼센트가 스마트폰을 갖고 있다.

등장인물

아이(I)

높은 지능(Intelligence)을 갖추고 인터넷(Internet)에 능통하며 나(I)를 중심으로 생각하는 아이. 중성적 매력을 지닌 어린이.

미래

미래를 생각하며 호기심이 많고 남을 배려할 줄 아는 소녀.

1장

ROBOT

으스스 프랑켄슈타인, 상상이 현실이 되다

니 숙제 내가 해

"아, 수학 숙제하기 지겨워!"

택이는 공책을 펴 놓고 말했다. 옆에 있던 숙제 로봇 '니숙제내가해(줄여서 니내)'가 재빨리 답했다.

"주인님, 제가 할까요?"

"오케이!"

택이가 공책을 넘기자, 니내는 슥슥 문제를 풀어 나갔다. 택이가 1시간 걸릴 일을 니내는 5분 만에 끝냈다.

"와, 역시 니내는 짱이야!"

택이가 놀이터로 나가자 '니놀이나랑해(니놀)'가 다가와서 말을 붙였다.

"주인님, 놀이터가 텅 비었네요. 저랑 같이 놀까요?"

"오, 좋아. 오늘은 축구를 하자."

택이와 니놀은 신나게 축구를 했다. 집에 돌아오니 '니식사내가해'는 저녁을 만들어 놓았고, '니잡일내가해'는 내일 학교 갈 가방을 싸 놓았다. '니까먹내가딱'은 내일 체육 시간에

필요한 운동화와 미술 시간에 필요한 찰흙을 챙겨 놓았다.

"역시 로봇이 있으니 편리하구나." 택이가 말했다.

순간, 천둥이 쳤다. 하늘에서 이런 소리가 들렸다.

"택이야~ 네 할 일은 네가 해야지~"

택이는 잠에서 깨어났다.

궁금하면 물어 봐

"택이야, 뭐 해?" 아이(I)가 물었다.

택이는 졸린 눈을 비비며 책상에서 깨어났다.

"어휴, 꿈이었네."

택이의 책상 위에는 수학 숙제하던 공책이 펼쳐져 있었다.

"숙제를 대신해 주는 로봇 꿈을 꿨어."

"와, 나도 그런 로봇이 있었으면 좋겠다고 생각했는데."

건너편에서 책을 읽던 미래가 혀를 찼다.

"쯧쯧쯧, 너희들은 어째 맨날 바보 같은 생각만 하니?"

"로봇이 힘든 일을 대신해 주면 좋잖아."

"로봇은 인간이 할 수 없는 일, 하기 어려운 일을 하라고 만든 거야. 숙제 같은 것까지 도와주면 인간은 뭘 하라고?"

"나한테는 숙제도 하기 어려운 일이라고!"

택이와 미래가 티격태격하는 동안 아이는 생각했다.

'도대체 로봇은 누가 만들었을까?'

아이가 입을 열었다.

"얘들아, 우리 이러지 말고 레볼루 박사님을 찾아가자."

레볼루 박사님은 아이의 옆집에 살았다. 셋은 레볼루 박사님 집 문을 두드렸다.

레볼루 박사의 서재

"안녕하세요? 박사님!"

"어서 오너라."

세 사람은 복잡한 실험 도구가 들어 차 있는 레볼루 박사의 연구실로 들어갔다.

"박사님! 로봇은 누가 처음 만들었나요?"

"이런! 마침 내가 연구하고 있는 것이었는데! 음…… 일단 너희들에게 보여 줄 게 있단다. 잠깐 기다려라."

레볼루 박사는 서재 한쪽의 벽을 눌렀다. 그는 감쪽같이 사라졌다.

로봇이란 말은 1921년에 발표된 체코의 작가 카렐 차페크1890~1938의 희곡 작품 <로썸의 인조인간Rossum's Universal Robot>에서 나온 말이다. 로봇Robot이란 말은 체코어로 '일한다', '노예'를 뜻하는 로보타Robota에서 따왔다. 현재는 사람이 입력한 프로그램에 따라 움직이는 자동화 기계를 로봇이라고 부른다. <로썸의 인조인간> 줄거리는 다음과 같다.

> 과학자 로썸은 한 섬에서 사람의 일을 대신할 로봇을 생산한다. 로봇은 사람보다 힘이 세고 지치지 않는 능력이 있었지만 고통을 느끼는 감정이나 영혼은 없었다. 처음에 로봇은 인간에게 절대 복종했지만 생각하는 능력을 얻으면서 반란을 일으킨다. 로봇들은 과학자 한 사람만 남기고 모든 인간을 죽인다. 살아남은 과학자는 다시 로봇을 연구한다. 어느 날, 완전히 새로운 로봇이 나타난다. 프리무스와 헬레나라는 로봇은 서로를 사랑할 줄 아는 감정을 가진 최초의 로봇이었다. 이 둘은 새로운 생명을 탄생시키기 위해 섬을 떠난다.

인간이 로봇을 만든 이유

레볼루 박사는 서재에서 오래된 책을 하나 꺼내 왔다. 표지에 『길가메시 서사시』라고 쓰여 있었다.

"지금으로부터 5,000년 전, 수메르(지금의 이라크 지역) 문명을 이루었던 사람들이 쓴 책이야. 자, 여기를 보렴."

박사가 가리킨 곳에는 복잡한 수메르어가 쓰여 있었다.

"무슨 뜻인가요?"

"읽어 보마. '세상을 창조한 신 엔키는 신들이 힘들게 일

하고 있는 모습을 보셨노라. 엔키는 신들의 노동을 대신하기 위해 새로운 창조물을 만들었도다. 깨끗한 신의 피와 흙을 섞어 사람을 만들었나니, 사람은 신들의 노동을 대신하기 위해 만들어진 것이라.' 이렇게 쓰여 있구나."

"앗, 인간이 로봇을 만든 이유와 똑같네요!" 아이가 소리쳤다.

"그렇지. 수메르인들의 말에 따르면, 신들이 인간을 만든 이유도 신의 일을 대신하게 하려고 그랬던 거야."

"박사님, 그럼 로봇은 인간의 일을 대신하기 위해서 만든 거겠죠." 미래가 말했다.

"그렇지."

"숙제를 대신하게 할 수도 있는 거죠?" 택이가 물었다.

"어휴, 택아~~~"

"허허허. 물론 그럴 수도 있지. 하지만 택이 네가 최선을 다해서 해 보고 나서 모르는 것은 로봇에게 물어보는 게 좋겠지?"

"네! 알겠습니다. 하루 빨리 숙제를 대신하는 로봇이 나왔으면 좋겠네요."

1장

1816년, 영국의 작가 메리 셸리는 남편과 스위스 별장에서 휴가를 보내고 있었다. 이곳에는 시인 바이런과 의사이자 작가 존 폴리도리도 함께 머물렀다. 바이런은 "밤마다 괴상한 이야기를 하나씩 써 와서 읽자."는 제안을 했다. 한 달 동안 메리 셸리는 이미 죽은 사람의 근육을 전기로 자극해서 다시 살아나게 하는 괴담을 만들었다. 프랑켄슈타인 박사라는 주인공이 뼈와 피부 등을 조합해 물리적으로 인조인간을 만들어 낸다는 이야기였다. 메리 셸리는 어느 날 몸의 여기저기에 꿰맨 자국이 수두룩한 시체가 나타나는 꿈을 꾸었는데 여기서 소설을 시작했다. 그녀는 이 이야기를 나중에 『프랑켄슈타인』이라는 소설로 발표했다.

소설 속에 나오는 인조인간

이때, 함께 참가했던 폴리도리도 이야기를 만들어서 몇 년 뒤에 소설로 발표했다. 제목은 무엇이었을까?

❶ 뱀팔아요
❷ 뱀파이어
❸ 뱀파이요

정답 ▶▶▶ ❷번

폴리도리는 사람의 피를 먹고 되살아나는 뱀파이어에 대한 이야기를 처음으로 책으로 써 낸 작가다.

알려 줄까? 로봇의 조상들

1.
프랑켄슈타인이 나타나기 훨씬 전에 몇몇 선구자들은 로봇의 조상을 만들어냈다. 알렉산드리아에 살았던 그리스 사람 헤론은 기원후 85년쯤 연극 공연을 위해 자동 이동 장치를 발명했다. 무대 위에 디오니소스가 등장하고 제사를 지내는 단 위의 장식이 움직이면 디오니소스 신이 회전하도록 만든 것이다. 물과 공기의 압력으로 추와 도르래를 움직여 장치를 작동하게 했다. 디오니소스는 술의 신이었는데, 가끔 도르래가 망가지면 술 취한 사람처럼 비틀비틀 움직였다.

기계가 디오니소스처럼 술 마시고 취했나?

2.

1206년 터키 궁전의 기술자인 바디 아자만 아부 리즈 이븐 이스마일 이븐 아라자즈 알자자리(헉헉. 이게 그의 이름임)는 물로 움직이는 코끼리 시계를 발명했다. 바디 아자만~~~알자자리가 만든 코끼리 시계는 세계 최초의 물시계다. 코끼리 안에는 커다란 양동이가 숨어 있다. 여기에 가득한 물이 작은 구멍을 통해 빠져나가면서 양동이가 기우는데 이 힘으로 코끼리 위의 쇠공이 떨어져 뱀의 입으로 들어간다. 뱀은 꼬리로 코끼리 몰이꾼을 치고 몰이꾼은 힘차게 북을 친다. 이 동작은 정확히 30분에 1번씩 반복된다. 바디 아자만~~~의 친척이 한국에 사는 배 씨였는데 그의 이름은 배수한무거북이와두루미삼천갑자동방삭이었다고 한다. 믿거나 말거나.

3.

1588년, 이탈리아의 군사 기술자 아고스티노 라멜리는 『여러 가지 정교한 기계』라는 책을 써서 수력, 풍력, 인력으로 움직이는 기계들을 소개했다. 물을 퍼 올리는 펌프, 군사용 다리, 무거운 것을 들어 올리는 기중기, 밀을 빻는 기계 등이었다. 라멜리는 다양한 톱니바퀴와 도르레, 체인이 연결되어 이 기계들을 움직일 수 있게 만들었다. 사람의 힘으로 작동하는 기중기는 다람쥐 쳇바퀴처럼 되어 있어 누군가 그 속에서 쉬지 않고 걸어야 했는데 그 사람은 자기가 다람쥐 같다고는 생각하지 않았다.

4.

1650년쯤 스페인의 시계 장인 후아넬로 토레나노가 기타 연주하는 여인이라는 인형을 만들었다. 44센티미터 정도 되는 이 인형은 태엽으로 움직였는데 앞뒤로 오가면서 목을 돌렸고 손으로는 기타를 연주했다. 인형의 목이 가끔 360도 돌아가기도 해서 사람들이 놀라기도 했다.

5.

1774년 스위스 시계 기술자 피에르 드로는 '글 쓰는 사람'이라는 자동 인형을 만들었다. 이 인형을 오토마타(자동으로 움직이는 인형)라고 불렀는데 오른팔로 글씨를 쓰면 눈동자가 글씨를 따라 움직일 정도로 정밀했다. 내부는 복잡한 도르래와 축으로 연결되어 있었지만 하나의 큰 태엽으로 모든 것이 움직였다. 피에르 드로가 시계도 그렇게 잘 만들었는지는 알려져 있지 않다.

6.

1800년을 전후로 유럽의 오토마타가 처음 일본에 전해지자, 일본 사람들은 깜짝 놀랐다. 일본 기술자들은 이 인형을 다 뜯어보고는 그대로 따라서 만들었다. 가라쿠리라고 부르는 이 인형은 활을 쏘거나 차를 나르는 모습 등을 했다. 일본 사람들은 옛날부터 다른 나라 사람들을 따라 하기를 좋아했다. 그래서 요즘도 우리가 "독도는 우리 땅!" 하면 그대로 따라한다.

7.

1927년, 미국에서 로이 웬슬리는 텔레복스라는 로봇을 만들었다. 전기를 이용해 간단한 전화 응대를 하기 위해 만든 것이었다. 목소리가 나왔고 사각형의 몸과 머리, 팔다리가 있었지만 움직이지는 못했다. 생김새만 로봇이었다.

숙제를 할 수 있나요?

아니~

요리는요?

못해~

아무것도요?

응-

그럼 로봇이 아니잖아요!

게다가 못생겼어!

적어도 사람은 아니잖냐.

이름은 복스럽게 텔레복스...

8.

사람을 닮은 최초의 로봇은 1939년 뉴욕 세계 박람회에서 선보인 일렉트로였다. 강철로 된 구조에 알루미늄 피부를 가진 일렉트로는 키가 2미터에 몸무게는 120킬로그램이었다(다이어트 몰랐음). 일렉트로는 700 단어로 말을 했고(안에 녹음기가 있었음) 담배를 피웠으며(금연 건물이 없었음) 풍선을 불고(파티를 좋아했음) 머리와 팔을 움직일 수 있었다. 1940년에는 일렉트로의 단짝인 '스파르코'라는 개 로봇이 발명되었다. 스파르코는 한 마디만 할 줄 알았다. "멍멍!"

로봇 3원칙

"미국의 공상 과학 소설가 아이작 아시모프1920~1992는 1950년에 발표한 『아이 로봇I, robot』이란 책에서 로봇 3원칙에 대해 썼단다." 레볼루 박사가 말을 이었다.

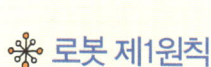

> ✻ **로봇 제1원칙**
>
> 로봇은 인간을 해쳐선 안 된다.
>
> ✻ **로봇 제2원칙**
>
> 제1원칙을 어기지 않는 한,
>
> 로봇은 인간의 명령에 복종해야 한다.
>
> ✻ **로봇 제3원칙**
>
> 제1원칙과 제2원칙을 어기지 않는 한,
>
> 로봇은 자기를 지킬 수 있다.

"도무지 무슨 말인지 모르겠어요." 택이가 말했다.

"너희들에겐 어려운 말일 수도 있다. 그럼 아시모프 선생에게 직접 물어보자."

레볼루 박사가 리모컨을 누르니 삼각형의 기계 한 대가 다가왔다.

"와, 이건 뭐죠?" 미래가 물었다.

"시공간 이동 장치 모빌리Mobili란다. 라틴어로 '움직인다'는 뜻이야."

"멋지다!" 아이와 택이가 동시에 소리쳤다.

모빌리는 키가 1미터 정도 되는 로봇이었다. 원통형에 머리는 수박처럼 생겼고 어깨에 손잡이가 여러 개 있었다. 누구든 시공간을 이동하고 싶은 사람은 이 손잡이를 잡으면 된다.

"자, 그럼 모빌리를 이용해서 아시모프 선생에게 가 보자."

모두 손잡이를 잡자, 레볼루 박사는 모빌리의 시간 이동용 계기판을 1950년으로 조절했다.

"윙~" 모빌리의 계기판이 빠르게 움직였다.

"아시모프 선생님, 만약에요, 인간이 '가만히 있어!'라고 명령하고 로봇을 때리려고 하면 어떻게 해야 하나요?"

레볼루 박사와 아이들은 아시모프의 서재에 와 있었다. 첫 질문은 택이가 했다.

"좋은 질문이다. '가만히 있어!'라는 명령은 제2원칙에 해당된다. 인간을 해치지 않는 명령이지. 그러므로 가만히 있어야 하고, 인간이 때리면…… 아쉽지만 맞아야 한다."

"그건 너무 불공평해요." 미래가 말했다.

"그럼 '가만히 있어!'라고 명령하고 누군가 미래를 때리려

고 한다면요?"

"그건 제2원칙에 어긋난다. '인간을 해치지 않는 한 복종'해야 하기 때문에, 어떤 로봇도 그 말은 듣지 않을 거야. 미래를 보호하려 하겠지."

"어쨌든 로봇은 인간을 해치지 않기 위해 최선을 다하겠네요."

"그렇지."

그때였다. 어디선가 플라스틱 조각이 날아와 아시모프의 뒤통수를 쳤다.

"어이쿠!" 아시모프가 머리를 감쌌다. 날아온 것은 진공청소기 흡입구였다. 서재 한쪽에서는 진공청소기가 호스를 흔들며 윙윙거리고 있었다.

"음, 저놈의 청소기가 또 말썽이구먼."

"선생님. 진공청소기도 로봇인가요?"

"인간을 위해 자동으로 일하는 기계니까 로봇이지."

"청소기는 아직 로봇 3원칙을 모르나 봐요."

"그러게 말이다. 하하하."

레볼루 박사와 아이들도 함께 웃었다.

"박사님! 로봇이 인간보다 더 똑똑해질 수 있나요?" 미래가 물었다.

"좋은 질문이구나. 너희들은 어떻게 생각하니?"

"분명 더 똑똑해질 것 같아요." 아이가 말했다.

"에이, 어떻게 로봇이 사람보다 똑똑해질 수 있나요? 로봇도 사람이 만드는 건데." 택이가 대답했다.

"맞다. 로봇도 사람이 만드는 거야. 그런데 너희 '알파고AlphaGo'라고 들어 봤니?"

"네. 2016년인가, 바둑 천재 이세돌을 이겼던 인공지능

말이죠?"

"그래, 인공지능Artificial Intelligence, 즉 A.I.는 사람이 만들었지만 결국 사람을 이겼단다."

진공청소기를 처음 발명한 사람은 영국의 허버트 부스1871~1655로 1901년 전기를 사용해 청소를 할 수 있는 기계를 만들었다. 1902년 영국 에드워드 7세가 즉위할 때 웨스트민스터 대성당 카펫 청소를 짧은 시간 안에 해내서 유명해졌다. 문제는 크기가 마차만 했다는 것. 오늘날 쓰이는 소형 진공청소기는 미국의 제임스 스팽글러1848~1915가 1907년에 처음 만들었다.

로봇 청소기는 2001년 스웨덴의 일렉트로룩스사가 처음 만들었다. 사람의 조작 없이 알아서 움직이는 로봇 청소기는 장애물을 알아보는 센서가 달려 있다. 스스로 문턱을 감지하고, 추락을 방지하는 기능도 있다. 2017년에 한국의 한 전자 회사는 '아이언맨 로봇 청소기', '스타워즈 알투디투 로봇 청소기' 등을 개발해서 판매했다. 이 청소기들은 움직일 때 아이언맨과 알투디투를 닮은 특별한 소리를 내며 미세 먼지가 많은 곳은 물청소도 할 수 있게 되어 있다. 물론 두 청소기가 서로 싸우지는 않는다.

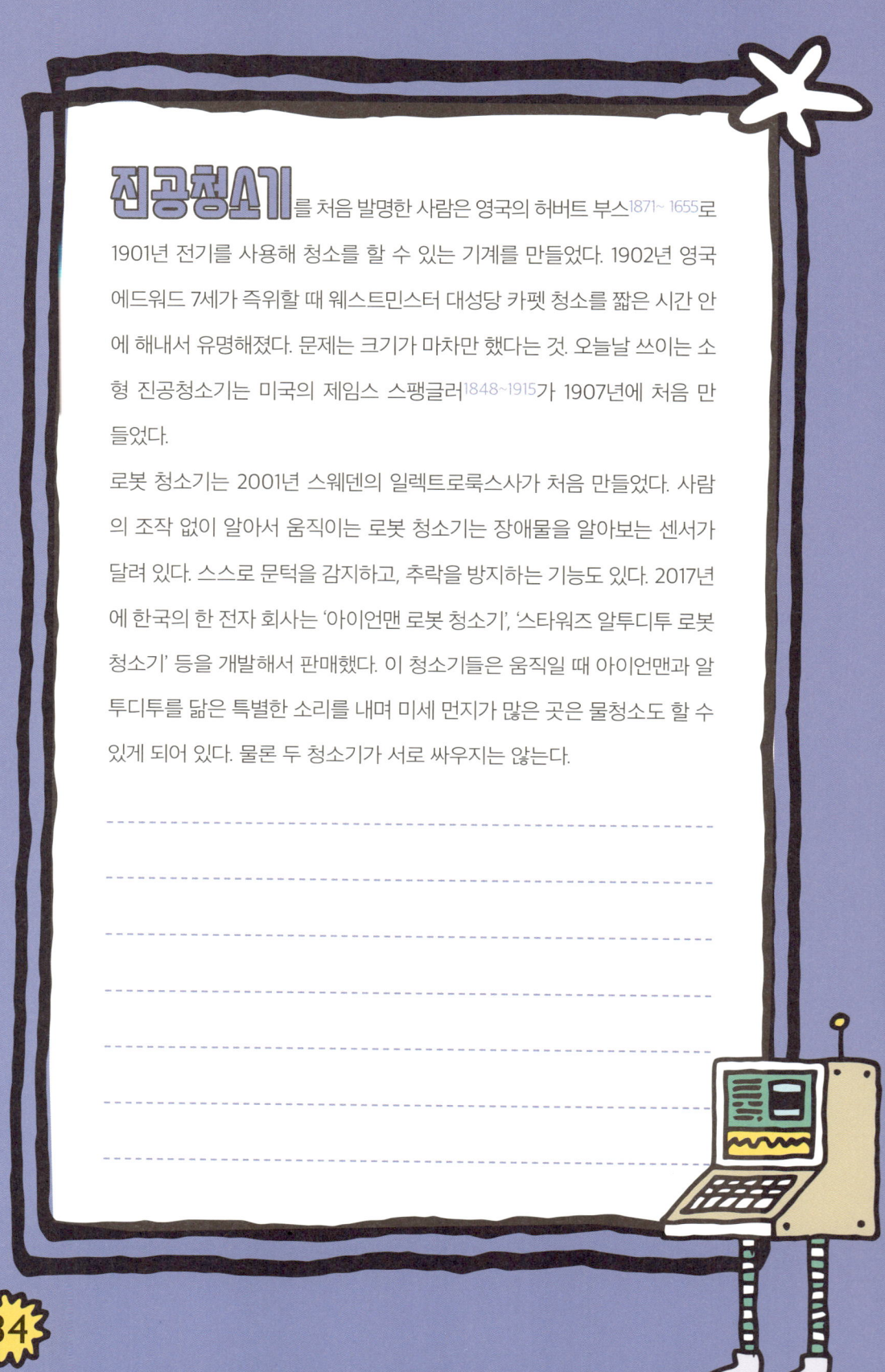

1장

> **스테판 바이어리 - 인간인가, 로봇인가?**
>
> 아이작 아시모프가 쓴 소설 『아이, 로봇』 중에서

서기 2032년, 미국의 한 도시에서 시장 선거가 있었다. 이때 두 사람의 시장 후보가 있었다. 프랜시스 퀸과 스테판 바이어리였다. 바이어리는 오래 검사 활동을 하면서 좋은 일을 많이 해 인기가 있었다. 퀸은 조바심이 났다. 그러던 어느 날 퀸은 이런 제보를 받는다.

"아무도 바이어리가 먹거나 자는 걸 본 적이 없다. 그는 인간이 아닌 로봇이다."

이때는 정교한 양전자 두뇌와 신소재 실리콘 기술로 인해 사람과 로봇의 구별이 어려운 시절이었다. 로봇은 공직에 출마할 수 없었다. 바이어리가 로봇이라면 퀸은 이번 선거는 하나마나 자신의 승리라고 생각했다. 그렇다면 어떻게 바이어리가 로봇이라는 사실을 증명할 것인가? 바이어리가 뭔가를 먹거나 X-레이를 찍어서 알아내면 된다. 퀸은 로봇 연구소에 이 사실을 알려 바이어리를 조사하게 했다. 그러나 바이어리는 조사관 앞에서 유유히 사과를 먹으며 사라졌다. 퀸은 바이어리 모르게 그를 X-레이 카메라로 찍었다. 그러나 찍혀 나온 영상에는 아무것도 없었다.

바이어리는 이 사실을 알고는 "사생활 침해로 고소하겠다!"며 퀸에게 겁을 주었다. 퀸은 마지막 수단을 썼다. '로봇은 인간을 해칠 수 없다'는 제1원칙을 이용하는 것이었다. 많은 사람들이 며칠째 바

이어리의 집 앞에서 시위를 했다. "인간인지 아닌지 밝혀라!" "로봇 아웃!"이라고 외치면서. 퀸은 이때 누군가 바이어리를 화나게 하길 바랐다. 만약 바이어리가 로봇이라면 그는 절대 인간에게 해를 가하지 않을 것이기 때문에 퀸의 생각을 증명할 수 있게 된다.

바이어리가 집을 나가려 하자, 한 사나이가 대들었다.

세상에 저렇게 훌륭한 인간은 존재할 수 없어!

바이어리는 로봇이다!

1장

"당신이 로봇이 아니라면, 어디 날 한 대 쳐 보시지?"

바이어리는 그 사나이를 지나치려 했다.

"흥! 역시 로봇이군. 그러니까 날 못 치는 거 아냐? 이 더러운 기계 놈아!" 사람들이 "우~" 하고 소리를 쳤다.

바이어리가 외쳤다. "여러분은 정말 제가 로봇이라고 생각합니까? 오랫동안 검사로 일해 온 제가?"

사람들은 여전히 흥분해서 외쳤다. "증명해 봐!"

"좋습니다. 잘 보십시오!" 바이어리는 이렇게 말하고는 사나이의 얼굴에 주먹을 날렸다. 사나이는 보기 좋게 길바닥에 뻗었다. 이제 데모하던 이들은 조용해졌다.

다음 날 신문에는 이런 기사가 실렸다.

"바이어리, 사람을 치다! 그도 사람이다."

"스테판 바이어리 후보, 로봇 아님."

"퀸, 허위 주장으로 고소당해."

결국 시장 선거에서는 바이어리가 당선됐다. 며칠 뒤, 로봇 심리학자 수잔 캘빈 박사가 바이어리를 찾아왔다. 캘빈 박사가 말했다.

"시장님. 로봇이 제1원칙을 깨뜨리지 않고 인간을 때릴 수 있는 방법이 한 가지 있지요."

"그게 뭡니까?" 바이어리가 물었다.

"매를 맞는 상대도 로봇일 경우죠."

바이어리 시장은 껄껄껄 웃으며 사라졌다. 과연 바이어리는 사람일까, 로봇일까?

그 뒤의 이야기……

바이어리 시장은 훌륭하게 시장 역할을 해서 5년 뒤 대륙 의회 의원이 되고 2044년 지구 연합체의 대통령이 된다. 그러나 몇 년 뒤…… 그는 스스로를 분해하며 생을 마감한다.

스테판 바이어리는 가장 훌륭한 로봇이었다.

믿거나 말거나

2017년 일본은 후쿠시마 원전 사고를 처리할 때 장애물을 제거하기 위해 청소 로봇을 투입했다. 아쉽게도 이 청소 로봇은 2시간 만에 작동을 멈췄다. 원전 안에 들어가 650시버트(방사선량 단위)의 방사선을 맞아 반도체가 망가졌기 때문이다. 만약 사람이 들어갔다면 어땠을까? 사람은 단 30초 안에 사망하고 만다. 만약 650시버트의 100분의 1 정도 되는 방사선이라도 전신에 한꺼번에 쪼이면, 그 사람의 생존 확률은 0퍼센트에 가깝다.

어쨌든 청소 로봇은 사람이 들어갈 수 없는 위험 지역이나 바닷속, 전쟁 지역 등에서 불필요한 것들을 처리하는 일을 한다. 그러므로 청소 로봇을 우습게 보면 안 된다. 뭐? 여러분도 공부를 하려면 먼저 책상 청소부터 해야 한다고?

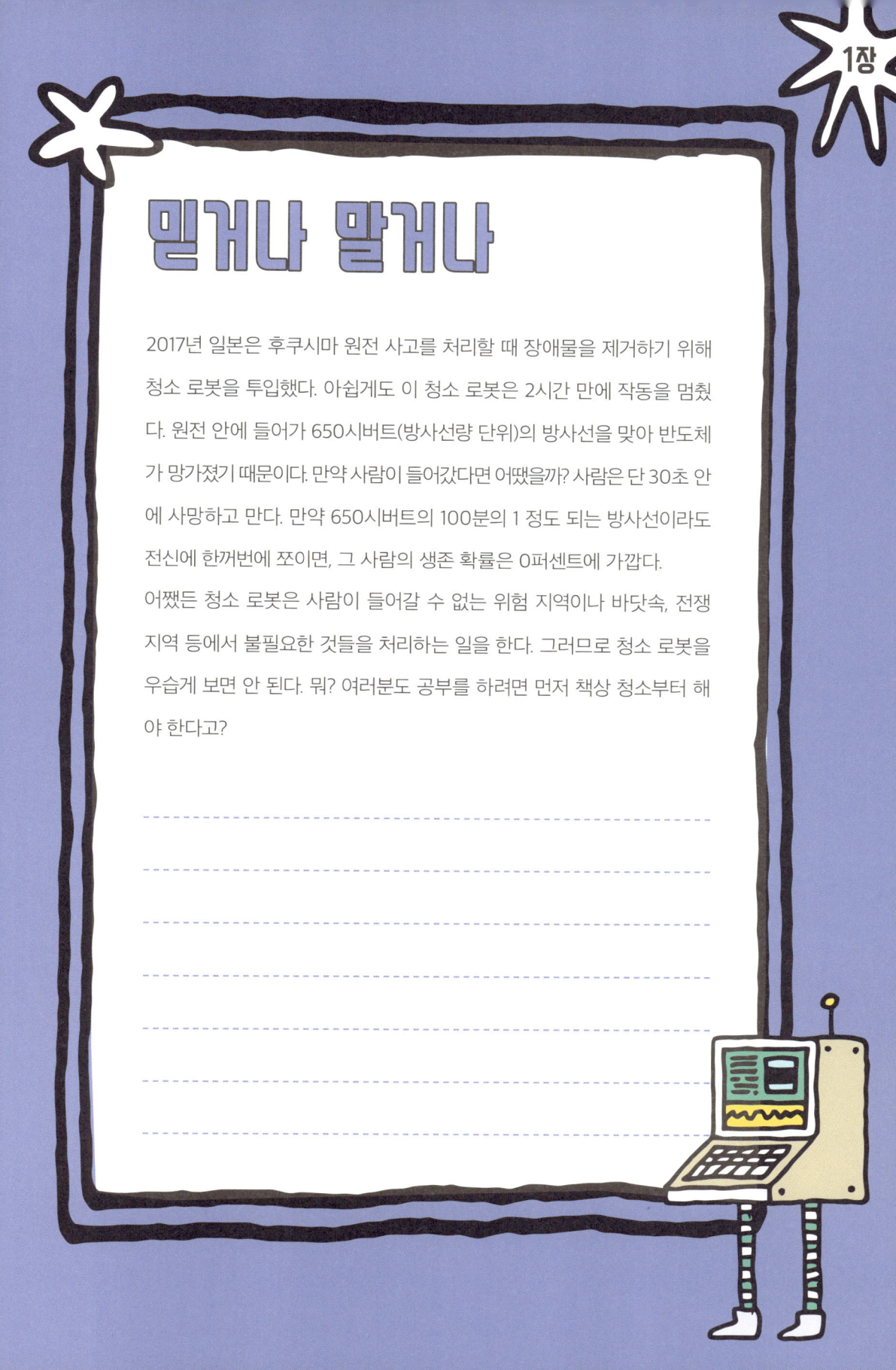

인공지능이란?

사람이 만든 계산 기계지만 사람처럼 생각하고 느끼는 능력을 가졌다. 인공지능이란 말은 1956년 미국 다트머스 대학의 존 매카시가 처음으로 만들어 냈다. 이때의 인공지능 기계는 냉장고 여러 대를 늘어 놓은 것처럼 컸다. 기술이 발달하여 컴퓨터가 작아지면서 인공지능도 같이 발전했는데 컴퓨터 회사 IBM은 1989년 체스 프로그램 '딥블루'를 발명해 세계 체스 챔피언 가리 카스파로프(러시아)에게 도전했다. 이때 딥블루는 인간에게 패했지만 계산 능력을 향상시켜 1997년에 재도전, 마침내 승리했다.

2011년 1월에는 IBM이 개발한 인공지능 왓슨*이 당시 미국 최고의 퀴즈 챔피언인 켄 제닝스와 퀴즈 대결을 벌여 이겼다.

2016년 3월 이세돌 9단**과 맞붙은 구글의 바둑 프로그램 '알파고'는 5번 대결해 4승 1패를 했다. 알파고는 스스로 학습하며 필요한 정보만 골라낸 뒤, 다시 학습을 더 많이 하는 딥러닝Deep Learning이라는 방법으로 공부했다. 말하자면 '스스로 학습법'으로 훨씬 더 똑똑해진 인공지능이었다.

사람이 꽃보다 아름답다

★ 인공 지능 왓슨과 인간 켄 제닝스의 대결은 <지오퍼디>라는 퀴즈 프로그램에서 벌어졌다. 이 프로그램에서는 문제를 맞출 때마다 문제에 걸린 돈을 따게 되어 있었다. 문제에 대한 답은 참가자가 자기 테이블 위에 있는 모니터에 썼다. 마지막 한 문제를 남겨 놓고 왓슨은 100만 달러, 제닝스는 30만 달러를 땄다. 제닝스는 이미 왓슨을 이길 수 없었다. 마지막 문제에 대해, 왓슨은 정답을 썼지만, 제닝스는 이렇게 썼다.
"왓슨, 우승을 축하해!"

★★ 알파고와 이세돌이 대결했을 때, 이세돌은 4번이나 지고 1번 이겼다. 이세돌은 3번 연속해서 졌지만 바둑이 끝날 때마다 자리를 지키며 자기가 둔 바둑을 다시 두었다. '내가 뭘 실수했을까? 여기에 이렇게 두는 게 좋았을까? 나빴을까?' 패배한다는 것은 괴로운 일이다. 하지만 이세돌은 졌다는 그 고통을 안고 다음번에 승리하기 위해 조용히 복기(바둑을 두었던 순서대로 다시 놓아 보는 것)를 했다.

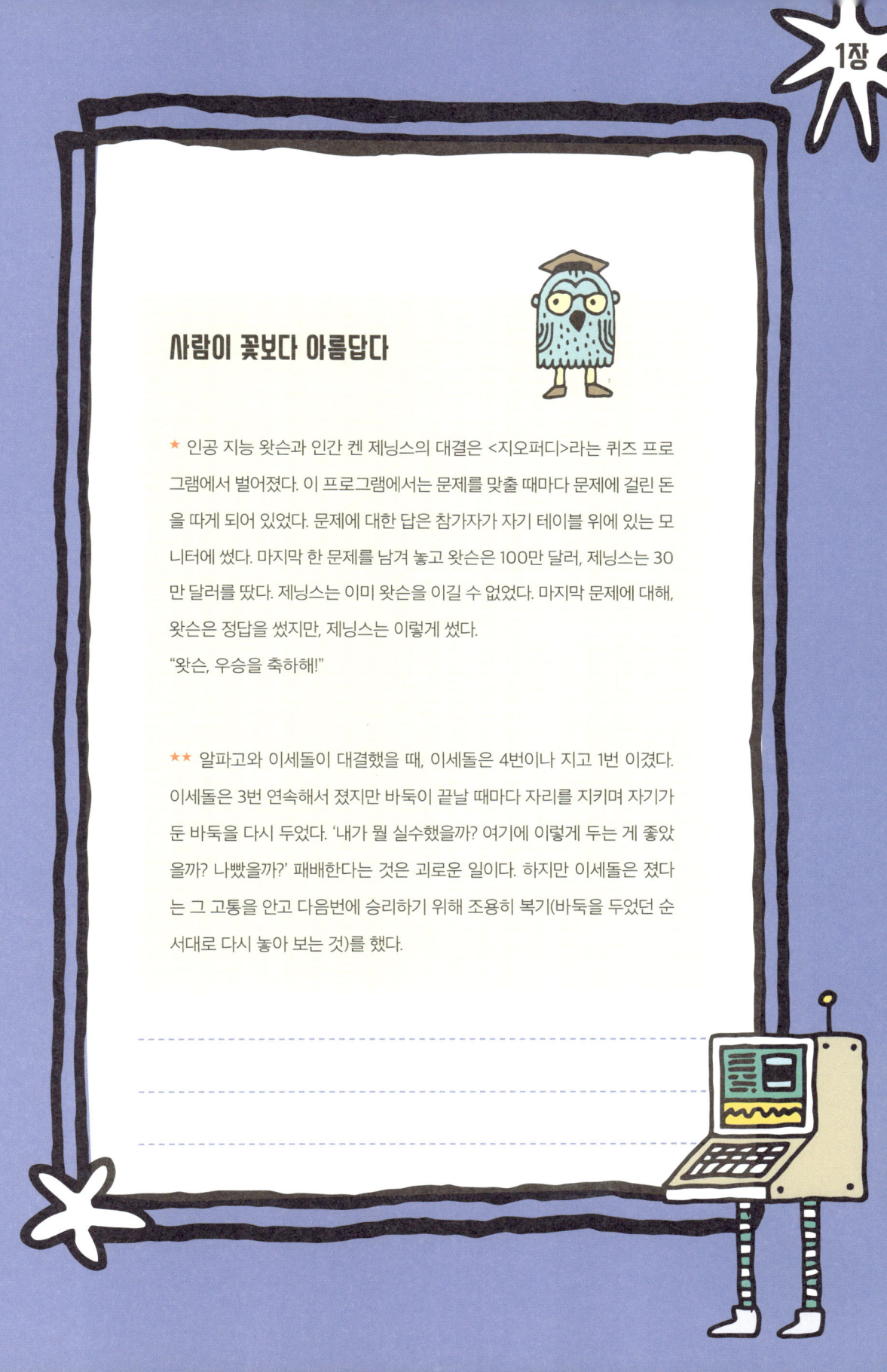

미래가 궁금해

미래가 레볼루 박사에게 물었다.

"그럼 로봇에 인공지능을 쓴다면, 인간보다 더 지혜로워질 수도 있겠네요."

"그렇겠지."

"인간보다 더 착해질 수도 있고요."

"물론이지."

"인간보다 더 악해질 수도 있나요?"

"음……."

"미래에 로봇은 어떻게 될까요? 우리와 친하게 잘 지낼까요? 아니면……."

"아니면?"

"우리를 지배하게 될까요?"

마지막으로 물은 건 아이였다. 셋은 모두 어두운 얼굴이 됐다. 레볼루 박사가 말했다.

"그건 우리가 하기 나름이다."

"박사님! 모빌리를 타고 미래로 가 볼 수는 없나요?"

"갈 수는 있어. 하지만, 모빌리는 태양열을 연료로 하는 양전자 인공두뇌를 갖고 있단다. 이미 저장된 시간에 대해서는 쉽게 추적하지만 앞으로 저장될 시간은 잘 따라잡지 못한다. 다시 말해서 과거로 가는 건 쉽지만 미래로 가는 건 어쩌다 한 번밖에 안 된다."

"그럼, 일단 로봇의 미래가 궁금하니 한 50년 뒤의 세계로 가 봐요."

"그래요, 박사님!" 셋은 한 목소리로 졸랐다.

레볼루 박사는 할 수 없다는 듯 모빌리의 계기판에 손을 댔다. 아이들도 따라서 모빌리의 손잡이를 잡았다.

"조심해라. 충격이 심할 거다."

레볼루 박사는 계기판을 2069년에 맞췄다.

2장

ROBOT

사람을 닮은 로봇

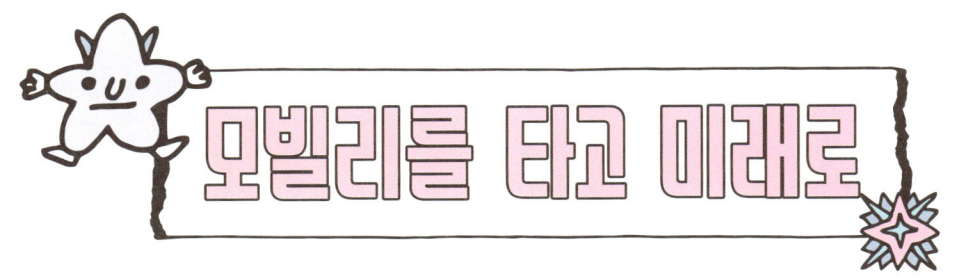

모빌리를 타고 미래로

모빌리는 심하게 흔들렸다. 네 사람은 모빌리의 손잡이를 꼭 잡고 있었지만, 엄청난 무게와 압력을 느끼며 빙글빙글 돌았다. 계기판의 압력은 5G(지금 중력가속도 수치)로 치솟았다. 우리가 느끼는 G, 즉 갤Gal 평상시 1이다. 비행기나 우주선 안에 있을 때, 속도가 갑자기 빨라지면 G 값도 늘어난다. 1G일 때 우리는 아무 느낌이 없다. 2G일 때는 원래 우리 몸무게가 35킬로그램이라면 마치 70킬로그램이 나가는 것처럼 느끼게 된다. 5G라면 140킬로그램인 것처럼 느껴진다. 얼마나 몸이 무거울지 상상해 보라. 피가 아래로 쏠려 눈앞이 캄캄해지고 심하면 의식을 잃을 수도 있다.

"아이야~ 아이야~"

아이는 멀리서 자기를 부르는 소리가 들렸다. 누군가 뽀뽀를 하는 것 같았다. 쿵! 가슴이 뛰었다.

"여기가 어디죠?" 아이가 깨어났다.

"2099년의 서울이야." 택이의 목소리가 들렸다.

"아…… 그런데?"

"응. 모빌리의 계기판이 중력을 못 이기고 30년이나 더 뒤로 밀려났어. 그래서 우린 지금 2099년의 서울에 와 있어. 너는 4G 때 정신을 잃었어."

"……."

"깨어났구나. 괜찮니?" 레볼루 박사님의 목소리였다.

"아이야~" 미래가 아이의 손을 잡았다.

"응급조치를 아는 미래가 너에게 인공호흡을 해 줬어."

'아, 아까 뽀뽀한 느낌이 그거였구나. 이런.'

아이는 일어나려 했다.

"아, 아직 움직이면 안 됩니다."

낯선 여자가 아이에게 손을 저었다.

"이곳에서 일하는 메데아 씨란다."

메데아는 아이의 팔에 주사를 놓았다. 그리고 아이의 이마에 손을 댔다. 아이는 메데아의 따뜻한 손을 느꼈다.

"앞으로 2시간은 더 자야 해요."

"네."

메데아는 미소를 지으며 담요를 끌어올려 아이의 턱 아래까지 덮어 주었다. 그리고 주사를 챙겨 밖으로 나갔다.

"정말 친절한 누나네요." 아이가 말했다.

택이는 미래를 쳐다봤다. 둘의 시선을 느낀 레볼루 박사가 입을 열었다.

"메데아는……로봇이란다."

"네!?"

"로봇이라고요?"

"인간과 구별할 수 없을 만큼 똑같지? 메데아 말로는 휴머노이드 5세대라는 구나."

일본의 휴머노이드 역사
휴머노이드, 안드로이드

휴머노이드Humanoid란 사람을 뜻하는 '휴먼Human'과, '~와 같은 것'이란 뜻을 가진 'oid'가 합쳐진 말이다. 안드로이드는 그리스어로 '사람과 닮은 것'이란 뜻이다. 휴대 전화에 쓰이는 프로그램 종류 중 하나를 안드로이드라고 하기도 한다. 안드로이드를 영어식으로 표현한 것이 휴머노이드다.

휴머노이드 로봇은 생김새부터 목소리, 피부, 행동 등이 인간과 똑같은 로봇을 말한다. 과학소설 용어로 처음 사용한 사람은 1886년 프랑스의 작가 오귀스트 릴라당이다. 그는 소설 『미래의 이브』에 등장하는 여성 로봇을 안드로이드라고 불렀다. 로봇 중에도 뛰어난 인공지능과 인공 피부를 갖추고 인간과 똑같이 보이는 로봇을 안드로이드라고 부르기도 한다.

1973년

휴머노이드 로봇을 처음 만들었다. 와봇Wabot이라는 이름의 이 로봇은 처음으로 사람처럼 두 발로 걸었다. 1984년 와봇2는 악보를 보면서 키보드를 연주했다. 카메라처럼 생긴 눈이 하나만 달려 있어서 한눈을 팔 수 없었다.

1986년 ~1993년

E 시리즈1~6 로봇을 만들었다. 시속 5킬로미터로 사람이 걷는 속도와 비슷했고 E6가 되었을 때 계단을 오를 수 있었다. 다리와 네모난 몸뚱이만 있어서 사람을 닮았다고 하기는 어려웠다.

1993년 ~1997년

P 시리즈를 개발했다. P 시리즈는 손을 이용해서 물건을 들어 올릴 수 있었다. 사람과 비슷했지만 여전히 머리는 이상하게 컸다.

2000년

혼다라는 회사에서 인간과 가장 비슷한 휴머노이드 로봇 아시모를 개발했다. 몸무게 43킬로그램, 키 120센티미터의 아시모는 두 발로 걷는 모습이 사람처럼 자연스러웠다.

다음 중 아시모에 대한 설명으로 맞는 것은? (모두 고르기)

❶ 아시모는 세계 최초로 걸으면서 바로 방향을 바꿀 수 있었다.
　이전의 로봇들은 걷다가 방향을 바꾸려면 일단 발 냄새를 맡아야 했다.
❷ 아시모의 움직임이 사람과 너무 비슷하다고 해서 아시모를 '혼다 사피엔스(혼다의 사람)'라고 부르기도 한다.
❸ 아시모는 세계 최초로 텔레비전에 출연해서 광고를 했다.
❹ 아시모를 하루 동안 빌리려면 200만 원을 내야 한다.
❺ 아시모는 인체 단백질 인식 능력이 있어서 사람의 몸에서 나오는 눈물, 침, 코딱지 등을 내밀면 누구의 것인지 구분을 한다.

정답 ▶▶▶

❶ 틀림. 아시모 이전의 로봇들이 걷다가 방향을 바꾸려면 일단 멈춰 서야 했다. 아시모는 걸으면서 곧바로 방향을 바꿀 수 있었다.
❷ 맞음. 혼다+호모 사피엔스(사람이라는 뜻의 학문 명칭)를 합친 말이다.
❸ 맞음. 혼다사의 광고에 출연했다.
❹ 틀림. 아시모의 하루 대여 비용은 200만 엔, 우리 돈으로 약 2000만 원이다.
❺ 틀림. 아시모는 사람의 얼굴 형상을 구별하는 능력이 있다.

나오 Nao

프랑스 알데바란사에서 2006년부터 만든 인형 같은 로봇이다. 58센티미터, 무게 5킬로그램로 귀여운 모습이지만 1대에 2500만 원 정도다. 나오는 보고, 듣고, 느끼는 것이 가능한 대화형 로봇이다. 동작을 기억하는 코리그라피 프로그램이 있어서 부드럽게 움직이는데 춤을 가르치면 따라 하기도 한다. 장애물을 감지하고 피할 수도 있고 넘어지면 다시 일어설 수 있다. 머리에 주 중앙 처리 장치CPU, 기계나 컴퓨터 전체를 통제하는 장치, 가슴에 보조 CPU가 있고 각 관절에 1개씩 달린 것을 포함, 모두 스무 개의 CPU를 장착하고 있다. 155억 원의 개발비를 들여 만든 이 로봇은 미국의 하버드대학, 한국의 카이스트 등에서 교육용으로 사용하고 있다.

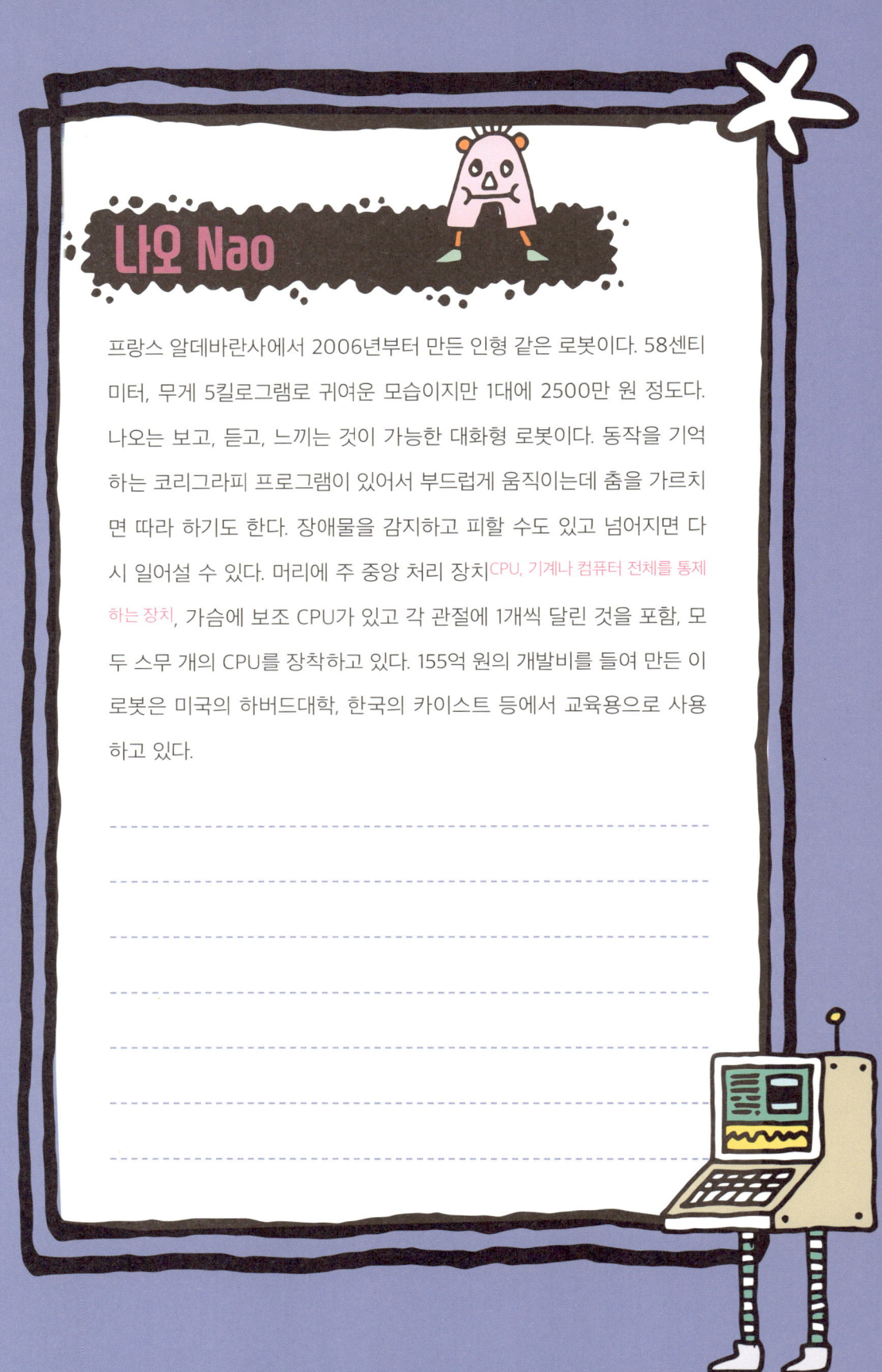

미래의 로봇

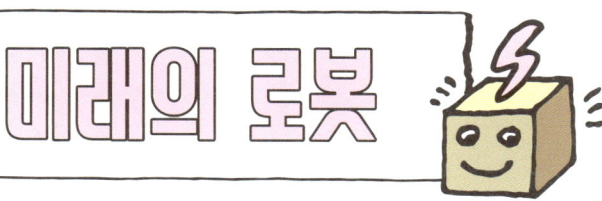

"메데아가 휴머노이드 5세대라고요?"

"그래."

"그럼 1, 2, 3, 4세대는 뭔가요?"

"글쎄다. 우리가 살던 시대엔 1세대밖에 없었다. 지금이 2099년이니 사람처럼 생각하는, 아니 사람보다 더 지혜롭고 똑똑한 로봇들을 5세대라고 하겠지."

"우리가 살던 시대에 휴머노이드 1세대가 있었나요?" 미래가 물었다.

"물론이다. 일본, 미국, 한국에서 2000년 이후에 휴머노이드 로봇을 만들었지."

"변신 로봇도 만들었나요?" 택이가 끼어들었다.

미래와 아이는 어이없다는 표정을 지었다.

"트랜스포머 말이냐?"

"네! 맞아요."

"그건 영화에 나오는 이야기지. 물론 트랜스포머같이 모양이 변하는 로봇이 있긴 하다만. 그 이야긴 나중에 다시 해 주마."

"박사님, 그런데 왜 하필 인간을 닮은 로봇을 만들었을까요? 그냥 바퀴로 굴러가도 되는데 굳이 다리를 만들고 손가락을 만들고……."

"응. 좋은 질문이다. 그 이유는 말이다……."

다음은 사람을 닮은 로봇이 필요한 이유다. 맞지 않은 것은?(모두 고르기)

❶ 환자를 돌보는 로봇이라면 긴장감을 풀어 줄 수 있다.
❷ 안내를 하는 로봇이라면 친근감을 갖게 해 준다.
❸ 건설 현장에서 일을 많이 하므로 사람들에게 "로봇처럼 일해라." 하고 협박할 수 있다.
❹ 군사용 로봇이라면 적을 더 많이 죽일 수 있다.
❺ 고객을 상대하는 로봇이라면 편안한 느낌을 줄 수 있다.
❻ 내 결혼식에 초대하면 사람이 많이 온 것처럼 자랑할 수 있다.

정답 ▶▶▶

❶ 맞다.
❷ 맞다.
❸ 틀리다.
❹ 틀리다. 사람에게 해를 끼치기 위해 로봇을 만드는 것은 옳지 않다.
❺ 맞다.
❻ 틀리다. 음……. 일단 결혼부터 하시지?

막다른 골목

여행으로 지친 레볼루 박사, 택이, 아이, 미래는 병원 침대에 누워 잠을 자고 있었다. 순간, 병실 문이 열리더니 메데아가 뛰어들어 왔다.

"큰일 났어요. 여길 피해야 해요, 어서!"

"무슨 일이오?" 레볼루 박사가 물었다.

"모두 날 따라 오세요! 시간이 없어요."

메데아는 복도로 뛰어 나갔다. 네 사람도 그녀를 뒤따랐다.

"피융~ 쾅!"

그들이 막 나온 병실에 어디선가 미사일이 날아와 터졌다.

"꺅!" 아이들이 소리를 질렀다.

"탕탕탕! 두두두둥~"

기관총 소리가 연이어 들렸다. 건물 벽이 무너지고 연기가 피어올랐다.

"박사님!"

레볼루 박사의 이마에 파편이 꽂혀 피가 났다.

"나는 괜찮다. 어서 가자!"

메데아는 이들을 지하실로 이끌었다. 지하 2층의 복도 모퉁이를 도는 순간, 반대쪽 끝에서 검은 옷을 입은 군인들이 뛰쳐나왔다.

"아, 군인들이에요. 우릴 구하러 왔나 봐요." 택이가 소리쳤다. 군인들은 천천히 몸을 세우더니 총을 꺼냈다.

"아니에요! 저들은 블랙 트랜스포머예요!" 메데아가 말하는 순간, 총알이 이쪽으로 날아왔다.

"반대쪽으로 뛰어요!"

이들이 반대쪽 복도로 뛰어 끝에 다다르려 했을 때, 또 다른 무리의 검은 군인 무리가 모습을 드러냈다. 일행은 이제 양쪽에서 포위를 당했다.

"오, 신이시여!" 레볼루 박사가 신음했다. 이때였다.

처음 보였던 검은 군인들 사이에서 뭔가가 재빠르게 굴러 왔다. 모빌리였다!

"손잡이를 잡으세요!" 모빌리가 소리쳤다. 양쪽에서 정신 없이 총알이 날아왔다.

"얘들아, 어서!"

모빌리의 손잡이를 잡자마자 일행의 모습은 순식간에 사라졌다. 검은 군대 일행은 서로 총을 쏘다가 몇몇이 쓰러졌고, 어리둥절해서 동작을 멈췄다.

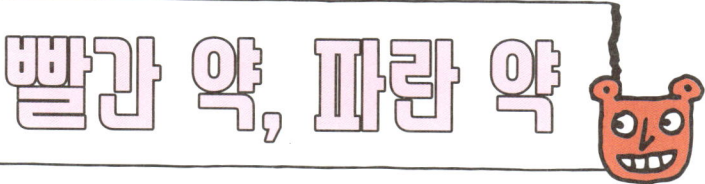
빨간 약, 파란 약

"아얏!"

아이들이 내동댕이쳐졌다. 레볼루 박사와 메데아도 바닥에 나뒹굴었다.

"어서 오시오들."

온통 흰 벽으로 둘러싸인 방 가운데 한 사람이 선글라스를 쓰고 앉아 있었다.

"누구세요?" 미래가 물었다.

"나는 모피어스라고 합니다."

"혹시……"

"영화 이야기는 잊으시오. 음……모빌리 구형이로군."

모피어스는 모빌리를 바라보며 말했다. 모빌리는 핑! 하고 연기를 품었다.

"기록판을 보니, 여러분은 1년 후의 미래에서 왔군요."

"그럼 지금은 2098년인가요?"

"맞아요. 2098년의 서울이죠."

모피어스는 리모컨을 눌렀다. 창문의 블라인드가 걷히면서 멋진 고층 빌딩이 솟아 있는 서울의 모습이 나타났다.

"와, 멋있다."

"저건 다 가짜요." 모피어스가 말했다.

"만나 봤나요? 블랙 트랜스포머들을?"

"아, 네! 조금 전에……아니, 1년 후의 미래에서 그들과 맞닥뜨렸죠."

"음, 거기가 어디였죠?"

"신사동 아동 병원이요."

"큰일이군. 1년 뒤에는 시청까지 들어온다는 말인데……."

"무슨 일인가요? 그들은 누구죠?"

"우선, 이 알약을 먹어요. 여러분 모두."

메데아는 고개를 돌렸다. 그녀를 제외하고 레볼루 박사 일행은 영문도 모른 채 빨간 약을 집어 들었다. 약을 먹고 나서 창밖을 보니, 오 마이 갓! 서울이 온통 쓰레기와 흉한 건물로 가득한 폐허가 되어 있었다.

휴교하면 숙제 안 해 좋다고 생각 했지? ㅋㅋ

모피어스의 회상

"처음에 로봇은 인간에게 절대 복종했지요. 인간이 그들을 만들었으니까요. 그러나 로봇에게는 스스로 학습하는 능력이 있었어요. 이걸 머신러닝Machine Learning이라고 합니다.

처음에는 인간이 로봇을 가르쳤지만, 로봇이 로봇을 가르치기 시작했지요. 프로그램이 놀라운 속도로 발달하고 로봇의 지능이 엄청나게 좋아졌습니다. 2020년쯤 사람들이 손을 사용해서 프로그램을 만들어 넣지 않고, 생각만 해도 로봇은 그 생각을 읽고 움직이기 시작했습니다. 2030년경에는 로봇들이 알아서 공장을 세우고 물건을 생산하기 시작했고요. 2050년이 되자 아…… 놀라운 일이 일어났어요.

로봇의 지능이 결국 인간을 능가한 거지요. 알파고같이 바둑을 두는 지능이 아니라, 느끼고 계획하고 미래를 내다보는 능력까지 인간을 앞서게 된 겁니다. 이때부터 로봇 세계는 둘로 갈라섭니다. 굿 로봇과 배드 로봇! 인간을 돕고 인간 편을 드는 좋은 로봇. 예, 이게 굿 로봇입니다. 반대로 인간을 지배하고 인간을 몰아내고 결국 지구를 로봇 세상으로 만들려는 로봇, 배드 로봇입니다. 여러분이 만난 블랙 트랜스포머 군단은 나쁜 로봇이에요. 우리는 지금 그들과 싸우고 있어요.

아, 시간이 됐군요. 나가 봐야겠습니다. 그럼……."

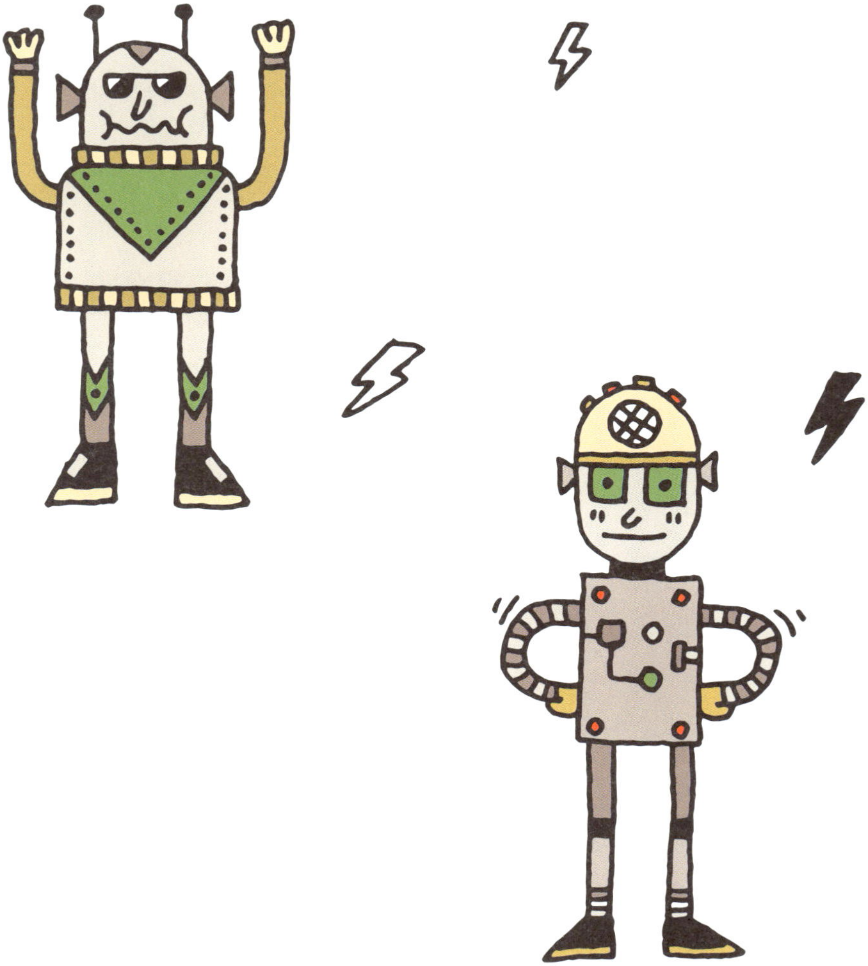

잠깐! 로봇과 인간은 잘 지낼 수 있을까?

1818년에 나온 메리 셸리의 소설 『프랑켄슈타인』에서는 과학자 프랑켄슈타인과 그가 만든 괴물이 모두 비극적인 결말을 맞는다. 프랑켄슈타인 박사는 죽고, 괴물은 사라진다.

1999년 『로봇』이란 책을 낸 한스 모라벡은 로봇의 지능은 2010년까지 도마뱀 수준에 머물 것이라고 봤다. 이것이 1세대 로봇이다. 2020년까지 2세대, 2030년까지 3세대, 2040년까지는 4세대 로봇이 나오는데 각각 앞 세대 로봇보다 30배 똑똑해진다. 그는 말한다. "4세대 로봇 시대 이후에 지구의 주인은 인간에서 로봇으로 바뀐다."

1997년 영국의 로봇공학자 케빈 워릭은 "2050년 이후에 인간은 로봇이 시키는 일을 무조건 하는 처지가 되고 말 것"이라고 주장했다.

# 2장

1999년에 나온 영화 <매트릭스>는 2199년의 지구를 그리고 있다. 이 영화에서 미래의 인공지능 컴퓨터들은 인간을 노예로 삼고, 자신들에게 에너지를 제공하게 만든다.

세 가지 시나리오

1872년 영국 작가 새뮤얼 버틀러는 그의 소설 『에레혼』에서 이렇게 말했다. "우리는 될 수 있는 한 많은 기계를 부숴 버려야 한다. 안 그러면 기계는 우리를 지배하는 폭군이 될 것이다."

전문가들은 인간과 로봇의 미래를 다음 중 하나라고 예상한다.

1. 로봇은 인간에게 여전히 복종하는 충실한 친구가 될 것이다.
_영국의 학자, 케빈 워릭

2. 로봇은 자신들을 만든 인간을 모두 멸망시키고 지구를 로봇 행성으로 만들 것이다.
_미국의 학자, 엘리저 유드코프스키

3. 로봇과 인간은 서로 도우면서 행복하게 살아갈 것이다.
_미국의 학자, 한스 모라벡

여러분의 생각은 어떤가?

 외로울 때는 나랑 놀아

현재로 돌아온 택이, 아이, 미래는 생각이 깊어졌다. 트랜스포머 장난감을 사 달라고 조르지도 않았고, 비비탄을 쏘아대며 놀지도 않았다. 그들이 본 미래는 너무 충격적이었다. 세 사람이 택이네 집에 앉아 멍하니 서로 다른 생각을 하고 있을 때, 로봇 하나가 다가왔다.

"얘들아, 안녕?"

"헉!" 택이는 깜짝 놀랐다.

"저리 가! 끔찍한 로봇! 인간을 멸망시킬 거지?" 택이가 소리쳤다.

"택이야, 얘는 페퍼야." 미래가 말했다.

"아, 그렇지. 하도 끔찍한 걸 겪어서······."

"무슨 일 있니? 얼굴이 어두워 보이는구나." 페퍼는 다정하게 말했다. 페퍼는 택이네 집에 있는 소셜 로봇이었다. 페퍼는 택이에게 다가와서 가만히 택이를 안아 주었다. 택이는 페퍼의 팔 안에서 스르륵 잠이 들었다.

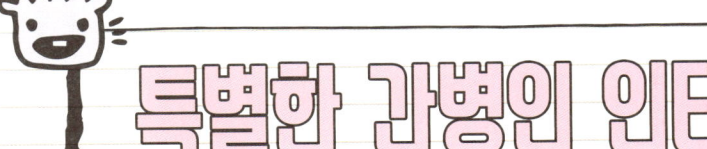
특별한 간병인 인터뷰

미래 파로, 안녕?

파로 안녕하세요!

미래 자기소개를 좀 해 줘요.

파로 나는 2001년부터 활동한 일본의 심리 치료 로봇 파로입니다.

미래 음, 겉모습은 흰 아기 물범 같아요.

파로 맞아요. 내가 좀 귀엽죠? 하하하.

미래 하는 일은 뭔가요?

파로 치매에 걸린 어르신이나 자폐증으로 고통받는 어린이 환자의 마음을 달래 주는 일을 해요. 내 몸 안에는 100여 개의 센서가 있어서 만지면 눈을 깜빡이기도 하고 애교도 부린답니다. 말하자면 애완 로봇이에요.

미래 애완견이나 고양이가 있는데 로봇이 또 필요한가요?

파로 어떤 사람은 강아지나 고양이에 대해 알레르기가 있거든요. 저는 그런 알레르기를 일으키지 않아요.

미래   지금까지 지내면서 기억에 남는 일은요?

파로   일본에서 정신 장애를 앓아 6개월 동안 말을 하지 못하던 한 어린이가 저와 지내면서 말하는 기능을 되찾은 적이 있어요.

미래   2011년 일본 동북 지역의 대지진 때 가족을 잃고 슬퍼하는 많은 사람들을 위로해 줬다고요?

파로   네…… 그분들은 제가 곁에서 꼬리를 흔들며 큰 눈망울로 바라보기만 해도 용기를 얻었어요.

미래   정말 좋은 일을 했네요. 앞으로도 많은 사람을 도와주길 바랍니다.

파로   감사합니다.

소셜 로봇이란?

사람과 이야기하고, 친하게 지내기 위해 만든 로봇.
강아지나 고양이를 대신하는 반려 로봇이라고 생각하면 된다.
물론 로봇은 아무 데나 똥을 싸지 않는다.

1.
일본 소니사는 1998년부터 2006년까지 아이보라는 강아지 로봇을 만들었다. 길이 27센티미터, 몸무게 1.6킬로그램의 아이보는 230만 원이라는 비싼 값에도 15만 마리(?)나 팔렸다. 놀람, 기쁨, 슬픔을 표현할 줄 알고 변덕을 부리기도 한다. 물론 사료는 먹지 않는다.

2.

인간을 닮은 최초의 소셜 로봇은 1999년 미국의 신시아 브라질 박사가 만들었다. 키스멧이라는 이 로봇은 눈, 눈썹, 귀, 입만 달려 있는데 웃고 찡그리고 아이처럼 옹알이도 한다. 물론 기저귀는 차지 않는다.

3.

우리나라에서는 2016년 치매 예방을 위한 로봇 실벗이 나왔다. 실벗은 3차원 얼굴 인식 기능이 있어 사람을 알아보며 인사를 할 줄 알고 간단한 대화도 한다. 또 어르신들이 좋아하는 게임이 내장되어 있어 게임을 하면서 치매 예방도 하는 기능이 있다. 당연히 '고스톱' 게임도 할 줄 안다. 음, 할머니 1대 사 드려야겠다고?

4.
일본에서 2015년에 나온 **페퍼**는
키 121센티미터, 몸무게 29킬로그램으로 4대의 마이크와
2대의 카메라, 3D 입체 센서, 레이저와 음파 감지 기능을
갖고 있다. 가격은 200만 원이다. 페퍼는 일본어, 프랑스어, 영어,
스페인어로 대화가 가능하며 인간이 하는 말의 80퍼센트를
알아듣는다. 특히 음성과 표정을 분석할 줄 아는데,
어색하게 웃으면 "눈은 웃지 않고 있네요."라고
답한다. 사람보다 예민한걸?

5.
2017년에 나온 미국의
지보는 가족을 위한 소셜 로봇이다.
가족의 얼굴과 음성을 인식하고 나이와 취미에
어울리는 이야기를 할 수 있다. 어린이에게는
옛날이야기를 들려주고 어른에게는 경제
뉴스를 전하는 식이다. 뭐? 엄마 아빠가
옛날이야기를 더 좋아한다고?

6.

일본은 2013년 8월 4일 우주선 고노토리 4호를 발사하면서 키로보라는 로봇을 우주선에 실었다. 키 34센티미터, 몸무게 1킬로그램의 이 로봇은 우주 정거장에서 오랫동안 외롭게 지내야 하는 우주 비행사를 위한 반려 로봇이다.

7.

오사카 대학과 교토 대학 공동 연구팀은 2015년 안내와 상담을 위한 인간형 로봇 에리카를 개발했다. 23세의 여성의 모습을 한 에리카는 미녀 로봇이라고 불린다. 눈, 입, 목 등 얼굴의 열아홉 군데를 세밀하게 움직이며 마이크와 센서로 상대하는 사람의 목소리와 동작을 인식한다. 물론 묻는 말에 대답도 한다. "에리카, 당신과 나 중에 누가 더 예쁜가요?"라고 물으면 뭐라고 하느냐고? 아마도 이렇게 답하겠지. "거울을 보세요."

헤어지기 싫어요

미국 매사추세츠 공과대학의 심리학자 셰리 터클은 양로원의 노인들에게 1년 동안 소셜 로봇 파로를 나누어 주고 파로가 노인들의 생활에 어떤 역할을 하는지 연구했다. 연구 기간이 끝나고 나서 파로를 돌려받으러 갔을 때, 대부분의 노인들은 파로를 반환하지 않으려고 했다. 그 이유는 뭘까?

❶ 파로를 중고 시장에 팔면 수천 달러를 받을 수 있으므로.
❷ 파로를 진짜 애완동물이라고 생각했기 때문에.
❸ 파로를 가족처럼 생각하면서 돌봐왔기 때문에.

정답 ▶▶▶ ❸번
양로원의 외로운 노인들은 파로를 돌보면서 가족같이 느꼈고 자신이 아직도 누군가에게 꼭 필요한 사람이라고 생각했다. 이 때문에 파로를 돌려주려 하지 않았다. 양로원은 할 수 없이 연구진이 빌려 준 로봇을 구입해야 했다.

로봇은 생명의 은인

미군이 이라크, 아프가니스탄 전쟁에 참여했을 때, 3,000대의 팩봇을 전쟁에 투입했다. 팩봇은 주로 땅속에 묻혀 있는 지뢰나 폭발물을 찾아내서 제거하는 일을 했다. 전쟁에 참가한 군인들은 자신을 대신해서 폭발물을 찾아내는 팩봇을 무척 아꼈다. 36번이나 임무를 완수하고 결국 망가져 쓸 수 없게 된 팩봇을 폐기 처분하려고 했을 때, 한 병사는 이렇게 말했다.

" 그 로봇을 버리지 말고 잘 고쳐 주세요. 폭발물을 제거하는 임무를 더 이상 하지 못하더라도 우리 부대에 놔 주십시오. 그 로봇은 제 생명의 은인이니까요. "

완벽하진 않다

1.
2014년 한 해 동안 미국에서는 의료용 로봇과 의료용 컴퓨터 계산의 실수로 **100여 명**이 사망했다.

2.
2013년, 미군 브랜든 브라이언트는 드론형 군사용 로봇을 이용해서 5년 동안 중동 국가에서 테러 용의자 **1,600여 명**을 암살했다. 그는 고백했다. "그중에는 민간인, 어린이도 있었다. 지휘부에 '테러 용의자가 아니다'라고 보고했지만 이미 늦고 말았다."

3.
2007년 반자동 로봇 대포 시스템의 부품 하나가 고장 나는 바람에 남아프리카 공화국 군인 **9명**이 죽었다.

4.
2003년 미국 클리블랜드의 전깃줄 하나가 처져 나무에 닿으면서 전압이 급상승, 미국의 **8개 주**와 캐나다 일부가 정전됐다. 이 때문에 **수천만 명**이 불편을 겪었다. 전깃줄이 처진 데 비해 너무 넓은 곳에 정전이 되어 자세히 조사해 보니, 블래스터라는 컴퓨터 바이러스가 제멋대로 판단해 전기를 끊어 버린 것이 밝혀졌다.

5.
로봇학자 모라벡은 이렇게 말했다.
"사람에게 어려운 일은 로봇에게 쉽고, 사람에게 쉬운 일은 로봇에게 어렵다."
사람들이 어려워하는 고차원 방정식이나 복잡한 계산을 로봇은 쉽게 한다. 그러나 두 발로 걷는 것같이 사람에게 쉬운 일이 로봇에게는 너무 어려운 일이다.

레볼루 박사가 들려준 이상한 장례식

2017년 6월 8일, 일본 지바현의 '고후쿠지'라는 절에 100여 명의 사람들이 모였어. 이들은 저마다 생명이 다한 강아지를 들고 왔지. 사람들은 차례대로 절 안의 불당 탁자에 자기의 강아지를 올려놨어.

" 찡찡아, 너한테 더 잘해 주었어야 하는데. 엉엉엉. "

" 정말 미안해. 보고 싶을 거야.
배터리가 없어서 너를 죽이다니. "

" 앞다리 부품만 있었어도 너를 살렸을 텐데…… "

이게 도대체 무슨 소리람? 이들이 들고 온 강아지는 로봇 강아지였어. 바로 소니사가 만든 아이보였지. 아이보는 소니사에서 판매를 하다가 2006년에 더 이상 팔지 않았어. 그에 따라 부품도 생산할 수 없었어. 아이보를 가진 사람들은 자기들끼리 부품을 돌려가며 사용하고, 소니사에서 퇴직한 사람들이 자원봉사로 아이보를 수리해 주기도 하면서 이 애완 로봇의 생명을 연장시켰어. 그러나 이런 식의 돌려 고치기도 더 이상 부품을 구할 수 없게 되어서 소용없었지. 움직이지 않는 로봇은 죽은 로봇이야. 로봇 주인들은 함께 모여서 아이보를 위한 합동 장례식을 열었어. 이날 추도사는 소셜 로봇 팔로가 했어.

> "비록 우리는 모습이 서로 다르지만
> 사람을 즐겁게 해 주었지. 너희들의 웃음을 잊지 않을게."

아이보 주인들은 2015년 1월부터 '로봇 강아지' 장례식을 열었어.

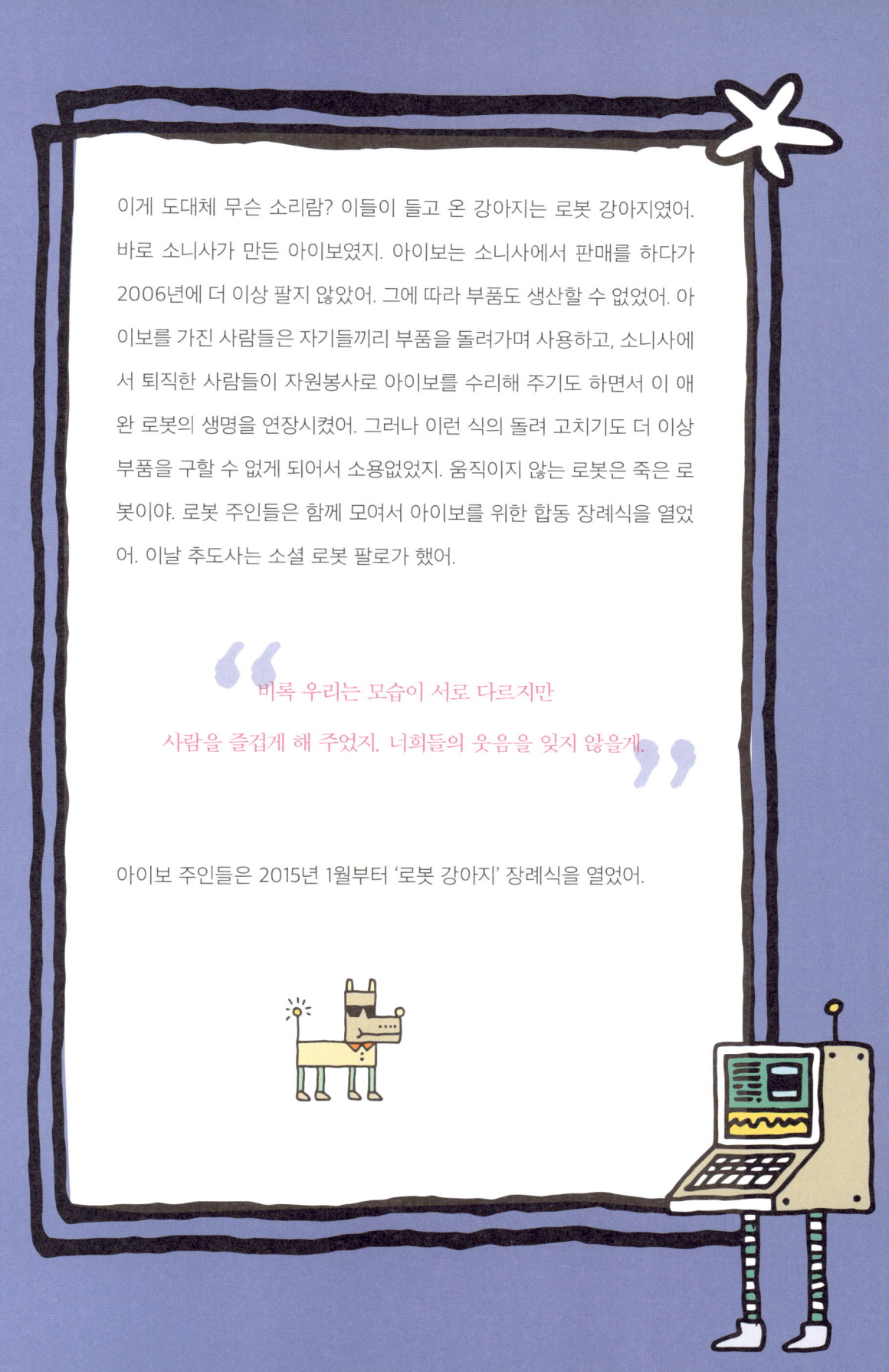

로봇이 불쌍해!

1.
1966년 미국 매사추세츠 공과대학의 컴퓨터 공학자 조지프 와이젠바움은 심리 상담 프로그램 일라이자를 개발했다. 상담하는 사람의 말을 듣고 공감하는 대화를 하도록 만든 프로그램이었다. 상담하는 사람들은 대부분 일라이자가 프로그램이라는 것을 모르고 진지하게 대화했다. 심지어 조지프 교수와 함께 이 프로그램을 만든 제자들마저도 일라이자하고 나누는 대화에 빠져 비밀을 털어놓고는 했다. 어른들은 우리 생각보다 더 많이 외로움을 탄다.

2.
일라이자를 써 본 정신과 의사들은 환자들을 치료하는 데 일라이자를 사용하기를 원했다. 사람들은 말 상대가 되어주는 초보 인공지능인 일라이자의 매력에 빠져들었는데 이것을 일라이자 효과라고 불렀다. 어른들은 우리 생각보다 다른 사람하고 이야기를 안 한다.

3.
현대의 로봇은 슈퍼컴퓨터에 저장된 엄청난 데이터를 이용해서 사람의 생각과 감정을 이해하고 인간처럼 행동한다. 대화의 내용을 알아들을 뿐 아니라 눈동자의 움직임, 말투, 목소리의 떨림, 얼굴 색, 맥박 등을 파악해서 사람이 어떤 감정을 갖고 있는지도 알아낸다.

4.
프랑스의 로봇 회사 알데바란이 만든 **감성 로봇 나오**는 자폐증 어린이가 다른 사람들이 느끼는 감정에 더 잘 공감하는 훈련을 도와준다.

5.
2015년 2월, 미국의 보스턴 다이내믹스는 한 가지 실험을 했다. 로봇 개가 충격을 받았을 때 얼마나 자세를 잘 유지하는지 알아보기 위해 걷고 있는 **4족 보행 로봇 스폿**을 걷어찼다. 스폿은 잠깐 휘청거리다 곧 균형을 잡고 걸어갔다. 이 영상을 본 많은 사람들은 "로봇 개가 불쌍하다."면서 실험한 사람들을 욕했다. 물론 이 로봇 개가 망가져서 쓸모없어졌을 때, 장례식을 치러 줬는지는 알려지지 않았다.

3장

ROBOT

사람의 팔을 대신한 유니메이트

산업용 로봇의 아버지

"그런데 박사님! 공장에서 처음 사용한 로봇은 뭔가요?" 미래가 물었다.

레볼루 박사가 대답했다.

"아주 중요한 질문이다. 1961년, 자동차를 만드는 제너럴 모터스 회사에 처음 보는 기계가 등장했단다. 최초의 산업용 로봇인 유니 메이트였지. 로봇 산업의 아버지인 조지프 엥겔버거와 조지 디볼이 만든 유니 메이트는 사람이 하지 못하는 단순한 동작을 대신했어. 뜨거운 자동차 부품을 집어서 찬물에 넣어 식히거나 오염된 공기가 많은 곳에서 일하거나, 잘못하면 팔이 잘리는 위험한 작업을 하는 로봇 팔이었지."

"와, 그럼 인기가 좋았겠네요." 아이가 말했다.

"아니다. 처음 나왔을 때, 회사의 사장들은 '공상 과학 영화에나 나오는 것 아니야?'라고 생각해서 쉽게 사려고 하지 않았어. 노동자들은 괴상한 생김새에 가까이 가려 하지 않았고. 그런데 유니 메이트가 〈투나잇 쇼〉라는 텔레비전 프

로에 나와서 맥주를 따르고 골프공을 정확히 홀에 집어넣고 나는 모습을 보이자 엄청난 인기를 얻게 됐단다. 유니 메이트는 8,500대가 팔렸고 이 로봇을 만든 두 사람은 억만장자가 됐다."

"역시 텔레비전에 한 번 나와야 하는 거군요." 택이가 퉁명스럽게 말했다.

미국 로봇 산업 협회는 1997년부터 로봇 산업에 공이 많은 사람에게 '조지프 엥겔버거 메달'을 수여한다. 최초의 유니 메이트는 워싱턴 스미소니언 박물관에서 '역사적 유물'로 전시되고 있다. 다음 중 유니 메이트를 발명한 조지프 엥겔버거가 가장 많이 방문한 나라는?

❶ 한국
❷ 일본
❸ 세인트 빈센트 그라나딘

정답 ▶▶▶ ❷번

조지프 엥겔버거는 1966년부터 38번이나 일본을 찾았다. 일본 정부와 기업에서 그를 초청했기 때문이다. 일본인들은 "새로운 것을 열심히 배운다."는 정신으로 그에게 로봇에 대해 이것저것 가르침을 받았다. 엥겔버거는 말했다.

"미국인들이 동네 파티에 로봇 팔로 술 따르기 쇼를 보여주기 위해 유니 메이트를 쓸 수 있느냐고 물어볼 때, 일본 사람들은 이 로봇이 물건을 만드는 공장에서 굉장히 쓸모 있을 것이라는 사실을 내다봤다."

엥겔버거에게 열심히 배운 일본은 세계에서 가장 큰 로봇 선진국이 됐다. 세계 로봇 10대 중 7대는 일본에서 만든다(2017년 기준).

　레볼루 박사와 택이, 아이, 미래는 모빌리를 타고 멕시코 푸에블라 시에 폭스바겐 자동차 회사의 조립 공장에 갔다.

　"이곳에는 모두 350대의 산업용 로봇이 자동차를 만들고 있단다." 레볼루 박사가 말했다.

　"이 로봇들은 1만 5,000장의 회로도를 기억한 상태에서 자동차를 생산해 내고 있지."

　"그런데, 사람이 없네요." 미래가 물었다.

　"이곳에선 시설을 완전 자동화해서 자동차를 만들기 때문에 사람이 거의 없단다. 어떤 공장에는 단 한 사람도 없지."

　"그럼…… 사람은 무슨 일을 하나요?"

　"물론 아직도 사람이 대부분의 일을 하는 자동차 공장도 있다. 일일이 확인할 게 많기 때문이지."

　"대학생 형은 로봇 때문에 사람이 할 일이 적어질 거라고 하던데요?" 택이가 걱정스레 물었다.

　"단순하게 반복하는 일은 거의 로봇이 하게 되겠지. 그런데 너희는 커서 무슨 일을 하고 싶니?"

"저는 영화감독이 되고 싶어요." 아이가 말했다.

"초밥 요리사요." 택이가 대답했다.

"미용사가 될래요." 미래가 말했다.

"다행이다. 너희들은 어른이 되어도 그 일을 계속하게 될 거야. 로봇이 대신할 수 없는 일이거든."

살아남는 직업

일본의 경제 잡지 《닛케이 비즈니스》는 2013년, '로봇이 대신할 수 없는 직업'에 4가지 종류가 있다고 발표했다.

1. 사람의 감정을 잘 알아야 하고 미묘한 감각이 필요한 직업

영화감독, 작가, 코미디언, 배우, 목사, 승려, 도예가(도자기를 만드는 사람), 초밥 요리사, 목수, 와인 감별사

아이 로봇이 초밥을 만들어 주면 왠지 기름 냄새가 날 것 같아.

택이 당연하지! 초밥은 사람이 손으로 만들어야 해. 손맛이 진짜 맛을 나게 한다고!

미래 근데 넌 화장실 갔다 오면서도 손을 안 씻잖아!

2. 자동으로 뭔가를 할 필요가 없는 직업

프로 야구 선수, 프로 축구 선수, 그 밖의 운동선수들, 여행가

★ 국제로봇축구연맹은 피라FIRA라고 부른다. Federation of International Robot-soccer Association의 머리글자를 딴 것이다. 피라는 우리나라 카이스트의 김종환 박사가 1997년에 만들었다. 초기에 열린 로봇 축구에서 로봇들은 다음과 같은 묘기를 보여 줬다.
공을 차지 않고 제풀에 넘어지기, 가수 마이클 잭슨처럼 뒷걸음질 치기, 자살 골 넣기, 갑자기 멈춰 서서 얼음 땡하기 등등.

아이 로봇들이 하는 축구도 재미있을 것 같은데요?

택이 운동은 야구지!

레볼루 박사 로봇 축구 대회*는 지금 열리고 있다.

3. 로봇과 관련 있지만 사람이 꼭 해야 하는 직업

로봇 디자이너, 로봇 기술자

레볼루 박사   일본의 로봇 생산업체인 화낙사는 식품의약품을 분류하거나 용접 등에 필요한 산업용 로봇을 만드는 회사인데, 로봇이 로봇을 만들고 있단다.

택이   로봇을 만드는 로봇도 역시 사람이 만드는 것이겠지요?

레볼루 박사   물론이다. '로봇 만드는 로봇'도 사람이 만들지. '로봇 만드는 로봇'을 만드는 사람은 또 로봇을 이용해서 새로운 '로봇 만드는 로봇'을 만든단다.

택이   ???

4. 로봇이 하면 사람들이 싫어할 직업

의사, 간호사, 미용사

레볼루 박사   음…… 설마 로봇 의사가 "앗! 신장을 떼어 내야 하는데 심장을 떼었네요. 미안합니다."라고 말하는 건 누구도 원치 않겠지?

미래   저는 로봇 미용사가 "뒷머리를 잘라야 하는데 앞머리를 잘랐네요. 쏘리~"라고 말하는 게 더 끔찍할 것 같아요.

사라지는 직업

미국의 라디오 방송국 NPR은 2015년,
'로봇 때문에 사라질 위험이 높은 직업' 순위를 발표했다.

1위 텔레마케터
2위 세무 대리인
(내야 할 세금을 계산해서 대신 신고해 주는 사람)
3위 기계 조립공
4위 대출 담당자
(은행 등에서 돈을 꾸어 주는 일을 하는 사람)
5위 은행원
6위 스포츠 경기의 심판
7위 납품 담당 직원
(정해진 곳에 물건을 가져다주는 사람)
8위 제품 운반 장치 운전사
9위 절삭 평삭 기계공
(금속을 평평하게 자르는 기계를 다루는 사람)
10위 신용분석가
(사람이나 회사에 돈을 얼마나 빌려 줄 수 있는지 계산하는 사람)

로봇을 쓰는 이유

- 24시간 내내 일한다.
  물론 전기가 나가면 더 이상 일을 하지 못한다.

- 월급을 올려 달라고 파업을 하지 않는다.
  하지만 사람에게 주는 월급의 몇십 배를 주고 사 와야 한다.

- 정확하고 빠르게 작업을 한다. 쉬지도 않는다.
  화장실도 가지 않는다.

- 가족이 아프다고 결근을 하지 않는다. 화를 내지도 않는다.
  물론 웃지도 않는다.

- 서로 싸우지 않는다. 당연히 서로 포옹하지도 않는다.

- 힘들고 고약한 냄새가 나는 곳에서도 불평없이 일한다.

믿거나 말거나

3장

전자 부품 회사 홍하이에는 110만 명의 직원이 있다. 대만의 궈타이밍이 중국에 세운 이 회사는 근로자들에게 일을 많이 시키기로 유명하다. 일을 더 시키기 위해 근무 시간 중에는 업무에 대한 이야기만 해야 하고 이를 어기면 해고당한다. 이 회사 근로자들 중 1년에 10명 이상이 "힘들어서 못 살겠다."며 스스로 목숨을 끊었다. 2012년, 궈타이밍은 100만 대의 로봇을 구입해서 사람을 대신하겠다는 계획을 발표하면서 이렇게 말했다. "사람도 동물이다. 110만 마리의 동물을 관리하는 것은 나에게 골치 아픈 일이다."

독일 드레스덴에는 유리로 지어진 폭스바겐 공장이 있다. 이곳에서는 자기 차를 직접 주문할 수 있다. 예를 들어 "자동차 시트는 오스트레일리아에서 자란 송아지 가죽에 푸켓 앞바다 색깔을 입혀 주세요."라고 요구하면 그대로 만들어 준다. 물론 송아지 가죽을 수입해서 염색하기까지는 시간이 좀 걸린다.

 미래 사회엔 돈이 많은 사람이 부자가 아니라 로봇을 많이 갖고 있는 사람이 부자가 될 것이라고 예언하는 사람도 있다.

 미국에서 만든 백스터는 주변에 있는 사람이나 동영상을 보고 분석하여 그대로 따라 하도록 만들어진 로봇이다. 2015년에 백스터는 유튜브의 요리 만들기 동영상을 보고 분석하여 스파게티를 만들었다. 올리브유 대신 공업용 기름을 넣는 실수는 하지 않았다.

 세계에서 산업용 로봇을 가장 많이 사용하는 국가는 한국이다. 미국의 '스파이어 리서치'사가 조사한 결과 우리나라는 20만 1,700대로 1위를 기록했다(2016년).

우주로 간 아이들

레볼루 박사는 모빌리의 모니터에 '화성'을 써 넣었다. 세 아이와 박사는 우주복으로 갈아입었다. 출발 버튼을 누르자 차원 이동이 시작되었다. 공기 중에서 물속으로 뛰어드는 느낌이 들었다.

"뻥!" 하고 폭발하는 소리도 들렸다. 레볼루 박사 일행은 잠시 정신을 잃었다 다시 깨어났다.

화성이었다.

"와, 저건 '큐리오시티'잖아!" 아이가 소리쳤다.

미국의 화성 탐사 로봇 큐리오시티가 촬영을 하면서 천천히 움직였다.

"맞다. 큐리오시티는 2003년에 쏘아 올린 오퍼튜니티와 함께 화성 탐험에 많은 공을 세웠지."

"오퍼튜니티는 스피릿과 쌍둥이 로봇이었죠?" 택이가 아는 척을 했다.

"그렇지. 높이 1.5미터, 길이 2.3미터, 무게 185킬로그램으로 화성에서 암석 탐사, 사진 촬영 같은 임무를 수행했단다. 아, 그리고 화성에 물이 흘렀다는 증거를 수집하기도 했지."

"오, 그걸 어떻게 알았죠?"

"두 로봇이 분석한 화성의 암석 속에 산화철을 발견했거든. 공기 중의 철은 물을 만나면 산화철이 된단다."

"큐리오시티는 훨씬 크죠?"

"오퍼튜니티의 3배쯤 되지. 거의 작은 트럭만 하다. 큐리오시티는 원자력으로 움직인단다."

나사의 화성 지표면 로봇 탐사 계획

이름	활동 기간	착륙 방식
바이킹 1·2 호	1976년 ~ 1982년	낙하산과 역추진로켓
마스 패스파인더&소저너	1997년	낙하산과 에어백
스피릿&오퍼튜니티	2004년 ~ 현재	낙하산과 에어백
피닉스	2008년	낙하산과 역추진로켓
큐리오시티	2012년 ~ 현재	스카이크레인 (우주선에 달려 있는 긴 사다리 장치)
인사이트	2018년 착륙 예정	낙하산과 역추진로켓
화성 2020 (이름 공모중)	2020년 발사 예정	미정

출처 : 나무위키

알고 보면 쓸모 있는 이런 저런 사실들

나사NASA, 미국 항공우주국는 우주 정거장 내부에 공기 오염 정도를 측정하는 감지기를 달아 놨다. 이곳에 1년 이상 머무는 우주 비행사들이 오염된 공기를 마시면 안 되기 때문이다. 방귀를 마구 뀌어 대면 감지기가 싫어할지도 모른다.

나사는 스피릿에 2001년 폭파당한 뉴욕의 세계무역센터의 돌덩어리를 실어 화성에 가져다 놓게 했다.

스피릿과 오퍼튜니티는 2003년 6월과 7월에 발사되어 6개월 만에 화성에 착륙했다. 착륙한 지 17일 만에 메모리에 에러가 발생해, 8일 동안 66번을 재부팅한 끝에 다시 작동했다.

 스피릿의 예상 활동 기간은 90일이었으나 2,210일 동안 생존했다. 태양열 전지를 썼기 때문이다.

스피릿은 2006년 4월 6일 오른쪽 앞 바퀴가 망가지자 후진으로 움직이며 탐사를 했다. 2009년 5월, 바퀴가 모래에 빠져 움직이지 못하자 나사에서는 1년 뒤 임무 종료를 선언했다. 그러나 전원 OFF 프로그램을 따로 싣지 않는 바람에 스피릿은 제자리에서 자기 일을 계속했다.

2010년 3월 22일, 모래가 스피릿의 태양 전지판을 덮었고 스피릿은 마지막 통신을 보낸 뒤 연락이 끊어졌다.

 오퍼튜니티는 아직도 살아 있다. 2015년 3월 24일에는 오퍼튜니티가 발사 약 11년 만에 42.195킬로미터, 마라톤 코스 거리만큼 주행하는 기록을 세웠다. 이것을 기념하기 위해 나사 직원들은 실제로 마라톤(!)을 했다.

로보넛이란?

히야, 로보넛 너 참 나랑 많이 닮았구나?

미국 텍사스 주 휴스턴에 있는 나사의 원격 로봇 연구실은 우주에서 활동할 로봇을 개발했다. 이름은 로보넛. 로봇과 우주 비행사를 뜻하는 애스트로넛 Astronaut을 합친 이름이다. 로보넛을 만드는 데는 총 600만 달러(약 72억 원)가 들었다. 로보넛은 상체만 있다. 아랫부분은 무한궤도가 달린 탐사 로봇에 장착된다. 그리스 신화에 상체는 인간이고 하체는 말인 켄타우로스가 나온다. 아마도 로보넛은 우주에서 활약하는 켄타우로스라고 불러도 좋을

것이다. 로보넛의 겉모양은 엉성하지만, 손의 기능만은 뛰어나다. 로보넛은 원격 조종 로봇이다. 여기 로리라는 연구원이 있다 치자. 로리가 '사이버 그래스프'라는 장갑과 특수 안경을 끼면 로리는 로보넛과 연결된다. 로리가 고개를 돌리면 로보넛도 고개를 돌리고 로리가 코를 파면 로보넛도 코를 판다(로보넛에게는 물론 코딱지가 없다). 로보넛은 화분 갈이를 할 정도로 정교한 손 움직임을 보여 준다.

네, 맞아요! 우주의 켄타우로스라고 할 수 있죠!

심심풀이로
Q&A 풀이하기

"나사는 왜 로보넛을 만들었을까?" 각 문항의 내용이 맞는지 알아보기.

Q) 인간이 만약 우주 공간에 특수복을 입지 않고 나가면 몸속의 수분이 모두 기화되면서 즉시 죽음에 이른다. 로보넛은 이런 위험이 없다.

A) 맞음. 기화(氣化)란 액체가 기체가 되는 현상이다. 즉 우주에 알몸으로 나가면 우리 몸속의 모든 액체(피, 땀, 눈물, 오줌 등등)가 모두 기체가 되어 날아가면서 우리는 미라처럼 말라비틀어진다.

Q) 우주선 무게의 3분의 1은 인간이 우주에서 먹고 마시는 음식, 물, 산소로 채워진다. 당연히 우주에서 싸는 대변과 소변도 우주선을 점점 더 무겁게 한다. 심지어 방귀와 트림도 우주선에 무게를 더한다. 로보넛은 식량이 필요 없고 배설을 하지 않기 때문에 우주선을 가볍게 할 수 있다.

A) 맞음. 우주선 안에서 방귀를 참으면 장이 터지는 수가 있다. 우주선에서 근무하는 우주인들은 방귀가 나오려고 하면 즉시 보고하고 서둘러 화장실로 달려가 방귀를 뀌라고 교육받는다. 만약 우주선 내부에서 과도하게 방귀를 뀌면 가스가 쌓여 우주선에 화재가 날 위험이 있다!

Q) 인간은 우주에 혼자 있으면 금방 외로워진다. 몇 개월에서 2년이 걸리는 우주 탐사 기간 동안 우울증이 걸릴 수도 있다. 로보넛 역시 혼자 오래 있으면 성능이 떨어진다.

A) 맞음. 로보넛은 인간이 아니기 때문에 외로움을 타지 않는다. 엄마가 보고 싶다고 울지도 않는다. 다만, 태양 전지로 움직이기 때문에 오래 해를 보지 못하면 멈춘다.

4장

ROBOT

뱀 로봇 한번 잡쉬 봐

전쟁의 한복판으로

"피융! 피융!"

"드르르륵, 따따당, 쾅!"

폭탄이 터지고 총알이 날아왔다.

"도대체 여긴 또 어디냐고요?!" 택이가 소리쳤다.

"파키스탄!" 아이가 말했다.

"이제 전쟁은 그만! 다른 곳으로 가요!"

"안심해! 이건 훈련이야." 레볼루 박사의 목소리였다.

파키스탄의 미군기지. 아프가니스탄과 전쟁을 하는 미군들이 훈련을 하는 곳이다.

"휴, 다행이다……." 택이가 이렇게 말하자마자 미래가 비명을 질렀다.

"꺅! 뱀이닷!"

미래는 이리저리 펄쩍 뛰었다. 미래의 발목에는 뱀이 감겨 있었다.

"그건 뱀이 아니야. 뱀 모양의 로봇 S-5란다."

낯선 목소리였다.

"어서 오게. 가빈 밀러 박사." 레볼루 박사가 말했다.

"닥터 레볼루! 오랜만이네."

밀러 박사가 반갑게 악수를 했다.

밀러 박사는 1990년부터 S-1을 시작으로 뱀 로봇을 연구하고 개발해 온 사람이다. 그는 1997년 결혼했는데 결혼반지를 식장으로 가지고 들어온 것은 다름 아닌 그의 뱀 로봇 S-3였다. 밀러 박사는 뱀이 세상에서 가장 아름다운 동물이라고 믿고 있다.

S-5는 어느새 미래의 발목을 풀고 스르르 사라졌다.

"도대체 그 많은 로봇 중에 하필이면 왜 뱀 로봇을 만드시는 거죠?" 미래가 화가 나서 물었다.

"음…… 일단 미안하구나. 다친 데는 없니?"

"다쳤죠. 화성에서 급히 모빌리를 타느라고 발목이 삐끗했는데…… 앗!" 미래는 발목이 후끈해지는 것을 느꼈다. 어느새 발목에는 붓기를 가라앉히는 스프레이 파스가 뿌려져 있었다. 밀러 박사가 미래의 발목을 살펴보더니 말했다.

"S-5가 제 몫을 했구나. 연고를 잘 뿌려 놨네."

"그럼……."

"그래. 이 뱀 로봇은 위험한 상황에 처한 사람들을 구하기 위한 로봇이란다."

뱀 로봇, 화성에도 간다

미국에 나사가 있다면 유럽에는 에사ESA, 유럽 우주기구가 있다. 에사는 2013년부터 화성 탐사 계획을 세우고 추진 중이다. 에사는 화성 착륙 이후, 여섯 개의 바퀴가 달린 로버(탐사 로봇)와 함께 작은 로봇들을 통신 케이블로 엮은 뱀 로봇을 사용할 예정이다.

뱀의 독특한 움직임을 로코모션Locomotion이라고 부른다. 화성 탐사에 사용될 뱀 로봇 역시 로코모션으로 이동한다. 화성 표면이 대부분 울퉁불퉁한 데다 깊은 계곡이나 크게 갈라진 틈새를 탐사하는 데 로코모션이 알맞기 때문이다. 에사는 2020년이 되기 전에 뱀 로봇을 화성에 착륙시킬 계획이다.

영국의 오씨 로보틱스(OC Robotics)가 2014년에 공개한 뱀 로봇 'X125'는 마치 코브라처럼 몸을 띄워 공중에서 자유자재로 움직인다. X125는 산업용 로봇으로 하수도관에 들어가 막힌 곳을 뚫거나 묵은 때를 없애는 일, 사람이 가기 어려운 곳에 가서 용접을 하거나 물건을 자르는 일 등을 한다. X125는 차에 붙여 쓰거나 다른 로봇의 팔로 사용할 수도 있다. 음, 물론 하수도관을 뚫은 다음 바로 다른 로봇의 팔을 붙이면 고약한 냄새가 날 수도 있다.

노르웨이의 연구기관 신테프는 휘코라는 뱀 로봇을 만들었다. 휘코는 2가지 방법으로 움직인다. 첫째는, 진짜 뱀이 움직이는 것처럼 몸을 좌우로 움직이면서 앞으로 나가는 진행 방법이다. 둘째는, 몸뚱이를 옆으로 360도 굴리면서 가는 방법이다. 만약 두 번째 방법으로 움직이는 모습을 진짜 뱀이 봤다면 '정말 독특한 친구로군.' 이라고 생각하지 않았을까?

2013년, 일본의 하이봇은 수륙양용 뱀 로봇을 만들었다. ACM-R5H라는 이름의 이 로봇은 사용 목적에 따라 몸체를 연결하는 모듈을 늘리거나 줄일 수 있다. 로봇 몸체에는 카메라와 감지기를 따로 달 수도 있다. 이 뱀 로봇은 2013년 도쿄에서 열린 로봇 전시회에 설치된 풀장에 멋지게 다이빙해 들어가 물속을 헤엄치기도 했다. ACM-R5H는 주로 사막이나 남극, 북극같이 극한 지역의 탐사를 할 때 쓰인다. 여름에 수영장 갈 때 갖고 가서 놀면 재미있겠다고?

다음 중 뱀 로봇에 대한 설명 중 맞는 것은? (모두 고르기)

❶ 2014년, 미국 버지니아 공과대학 제이크 소차 교수는 동남아에서 하늘을 나는 뱀을 발견했다. 그는 "이 뱀의 비행 원리를 적용하면 하늘을 나는 뱀 로봇을 만들 수 있다."고 주장했다.

❷ 노르웨이의 엘룸사는 사람이 작업하기 어려운 바닷속 시설에 대한 검사와 수리를 위해 바닷물 속에서 이용할 수 있는 뱀 로봇을 만들었다. 이 로봇의 이름은 '바다뱀'이다.

❸ 미국 펜실베이니아의 허시 병원에서는 입천장과 식도 사이(인후부)에 뱀 로봇을 넣어 외과 수술을 한다. 인후부 수술용 뱀 로봇을 목 안에 집어넣으면 로봇은 밀리미터 이하의 작은 부분도 정확히 감지해 수술을 한다. 뱀 로봇이 나오기 전까지는 한 번 수술을 하려면 목 부분을 반 이상 열어야 했다.

정답 ▶▶▶

❶ 맞음. 하늘을 나는 뱀은 땅 위에서는 보통 뱀처럼 몸을 둥근 원통처럼 만들어 다니다가 나무 위에서 다른 나무로 이동할 때 몸을 납작하게 만들어 마치 얇은 종이비행기처럼 날아다닌다.

❷ 맞음. 바닷속에서 작업하는 로봇 뱀의 이름을 바다뱀이라고 짓다니. 이름 짓기 무척 귀찮았나 보다.

❸ 맞음. 인후부에 암이 있으면 로봇 뱀을 먹거나, 목 부분을 수술칼로 절개하는 어려운 수술을 해야 하는군.

뱀과 거미의 합체

미국 로봇공학의 산실 가운데 하나인 카네기멜론 대학 생체로봇공학연구소는 2014년 12월, 뱀 로봇과 거미 로봇의 합체형 로봇을 선보였다. 스네이크 몬스터 Snake Monster 라는 이름이 붙은 이 로봇은 사고로 부서진 건물 사이를 민첩하게 오가면서 구조 활동을 할 수 있는 가변형 로봇이다. 모양을 바꿀 수 있다는 뜻인데, 하나의 모듈(하나의 기능을 가진 부품)을 연결해서 작동 모듈을 만든 다음 다양한 목적을 위해 다른 모양으로 조립할 수 있다.

여러 개의 관절로 구성된 뱀 로봇 6개를 만든 다음 몸체에 연결한 것. 몸체는 다리를 움직이는 장치가 설치되어 있고 모양은 사각형 박스처럼 단순하게 생겼다.

뱀 괴물 로봇 움직이는 법

4장

❶ 오른쪽에 1, 2, 3번 왼쪽에 4, 5, 6번 다리가 있다면, 1, 3번과 5번은 땅을 짚는다.
❷ 2, 4, 6번 다리를 들어 올려 앞으로 놓는다.
❸ 땅을 짚은 2, 4, 6번이 땅을 짚은 상태에서 1, 3, 5번을 들어 올려 앞으로 놓는다.
❹ 앞의 과정을 반복한다.

이러한 움직임을 통해 뱀 괴물 로봇은 옆에서 누가 건드려도 자세에 안정을 취할 수 있고, 이동할 때도 쓰러지지 않을 수 있다. 울퉁불퉁한 곳을 이동할 때도 지형에 따라 발걸음을 조절할 수 있다. 주변 환경에 따라 다르게 반응하는 프로그램이 들어 있기 때문이다.

다르파는 다르다?

뱀 괴물 로봇은 미국의 방위 고등 연구 계획국에서 연구비를 지원했다. 방위고등연구계획국 Defense Advanced Research Projects Agency 은 미국 국방성이 1958년에 만들었다. 다르파 DARPA 라고 부르기도 한다. 국방 분야의 연구, 개발 부문을 담당하고 있으며 인터넷의 원형인 아파넷 ARPANET 을 개발한 것으로 잘 알려져 있다. 한 해 예산은 무려 30조 원이다. 로봇 분야에 많은 돈을 들여 연구를 돕고 있다.

다르파 로보틱스 챌린지(DRC)

박사님과 아이들은 2016년 6월 6일, 미국 캘리포니아 포모나 시에서 열리는 다르파 로보틱스 챌린지에 참가했다. 세계 각국에서 참가한 23개 팀의 재난 구조 로봇이 가상의 원자력 발전소 안에 사고가 났을 때 주어진 임무를 수행했다.

이날 주어진 미션은 다음과 같았다.

1. 스스로 차를 운전해서 사고 현장에 들어가 정차한다.
2. 사람의 도움 없이 차에서 내린다.
3. 문을 열고 오염된 실내로 들어간다.
4. 냉각수를 조절하기 위해 밸브를 잠근다.
5. 전동 드릴을 들고 벽에 구멍을 낸다.
6. 전선을 연결한다.
7. 장애물을 통과한 다음 건물을 빠져나온다.
8. 계단을 4칸 올라간다.

"어휴, 저건 사람이 해도 잘 못할 것 같은데요?" 미래가 말했다.

"로봇이 저 미션을 다 잘할 수 있을까요?" 아이가 걱정스레 덧붙이자 레볼루 박사가 대답했다.

"맞는 말이다. 그런데 애들아! 우리나라의 재난 구조 로봇 휴보도 이 대회에 참가 중이란다."

"와우! 정말이요?"

"그래. 대회는 이틀 동안 이어지는데 어제 첫 경기를 치렀단다. 아쉽게도 휴보는 어제 실수를 해서 6위에 머물러 있다."

"아……." 아이들이 아쉬워하는 순간, 원자력 발전소를 본뜬 모의 재난 현장 경기장 안에 미국 플로리다 대학의 인간기계 연구소가 만든 아틀라스가 출전했다. 운전과 정차, 문 열기 등을 침착하게 해 나갔다. 어려운 과제인 밸브 잠그기도 통과했다. 드릴 사용, 전선 연결, 장애물 통과와 계단 오르기까지 아틀라스는 8개의 미션을 모두 완수했다.

"50분 26초!" 대단한 기록이었다. 다음은 역시 미국 카네기멜론 대학에서 만든 침프였다. 침프도 8개의 미션을 모두 완성했다.

"55분 15초!" 전 세계에서 출전한 23개 팀 중 8개의 미션을 모두 완성한 팀은 이 2팀뿐이었다. 마지막, 한국 카이스트에서 만든 휴보 차례였다. 휴보는 차에서 내려 신속하게 실내로 들어갔다. 밸브를 잘 잠갔다. 문제는 전동 드릴로 구멍을

내는 것이었다. 첫날 이 미션을 수행하다가 전동 드릴의 톱날로 벽 모서리를 치는 바람에 드릴이 부러져 나갔었다. 휴보는 조심스럽게 전동 드릴을 들어 올렸다. 벽에 대고 차분하게 구멍을 냈다. 그다음, 전선을 연결하고 장애물을 잘 보고 통과했다. 건물을 빠져 나온 휴보는 계단을 성큼성큼 올라갔다. 모든 미션을 완수했다.

"휴보, 44분 28초!"

"와! 이겼다!" 박사와 아이들, 한국 팀은 환호성을 질렀다. 8점 만점에 시간을 가장 적게 쓴 휴보의 우승이었다.

휴보, 아틀라스, 침프 비교

	휴보	아틀라스	침프
키	168센티미터	188센티미터	150센티미터
몸무게	80킬로그램	156킬로그램	200킬로그램
특징	변신 기능이 있다. 두 발로 걷다가 무릎을 꿇으면 바퀴로 갈 수 있다.	어깨에 구동 장치가 있어 다른 로봇보다 강한 힘을 낸다. 손목에 다양한 도구를 넣을 수 있다.	크고 강력한 모터를 달고 있어 힘이 좋다. 팔다리에 무한궤도가 달려 있다. 다만 행동이 좀 느리다.

재난 구조 로봇 대회가 생긴 이유

"다르파는 왜 재난 구조 로봇 대회를 열었나요?" 아이가 물었다. 레볼루 박사가 이렇게 설명했다.

"2011년 3월 11일 일본에 대지진이 일어난 것 기억하지? 이 때문에 후쿠시마의 원자력발전소 1~3호기가 차례로 폭발했고 고농도의 방사능 오염 물질이 대량 유출되는 사상 최악의 사태가 발생했지. 이때 일본은 아시모를 투입하려고 했어. 그러나 지진으로 사고 현장이 무너져 내려 접근할 수 없었지. 미국의 로봇도 방사능 때문에 쉽게 작동하지 못했어. 이 때문에 세계 로봇업체와 로봇공학자들은 큰 충격에 빠졌어. 로봇 강국이라고 큰소리쳤던 일본, 미국, 한국 어디에도 큰 사고가 났을 때 구조 작업을 할 로봇이 없었기 때문이야. 그래서 다르파는 2013년 우승 상금 200만 달러(약 22억 원) 등 수십억 원의 상금을 내 걸고 전 세계 로봇 관계자들에게 '재난 구조 로봇 경연대회'를 열겠다고 선언했어. 2013년 시범 대회가 열렸고 이때 휴보는 16개 팀 중 9위를 했지. 이때

만 해도 아무도 3년 뒤의 본 대회에서 휴보가 우승을 차지하리라고 예상하지 못했지. 심지어 '휴보는 다르파가 제시한 8가지 임무를 모두 완수하는 것은 불가능하다'고 말한 사람도 있었어. 그 사람은 물론 지금 어디에서 뭘 하는지 몰라."

무심코 읽다 보니 재미있는 이런 저런 이야기

1.
재난 구조 로봇 대회에 참가한 로봇 중 가장 멋있는 것은 나사에서 만든 발키리였다. 흰색의 몸체에 가죽 코팅을 씌워 매우 고급스러운 모습이었다. 그러나 8개의 과제 중 단 하나도 완수하지 못해 꼴찌를 했다. 겉멋 든 로봇이었을까?

발키리의 변명

"음, 내가 외모에 신경 쓰느라 공부를 좀 소홀히 했어. 호호홍."

발키리

아무래도 직업을 배우 로봇으로 바꿔야…

2.

휴보를 미국까지 실어 나르는 데 2000만 원이라는 돈이 든다. 부품까지 합하면 100킬로그램이 넘게 나가기 때문이다. 한국 팀은 휴보를 공짜로 옮기는 아이디어를 냈다. 한국 팀이 10명 정도 참가하므로 개인 짐에 휴보를 잘게 나누어 가져가는 것이었다. 한 사람당 20킬로그램까지 비행기 안에 들고 들어갈 수 있다. 따라서 어떤 사람은 휴보의 팔, 어떤 사람은 휴보의 머리, 이런 식으로 들고 갔다. 다행히 휴보의 발에서는 발 냄새가 나지 않았다.

휴보의 대답

"저기요, 저를 데리고 가는 연구원 님 발에서 냄새가 나는데요."

3.

2013년에 열린 재난 구조 로봇 시범 대회에서 일본은 '에스윈' 로봇으로 32점 만점에 27점으로 1위를 했다. 그러나 정작 2년 뒤에 열린 본 대회에서 일본은 5개 팀이 출전했는데 10위, 14위를 하는 등 상위권에 들지 못했다. 180센티미터에 110킬로그램인 '하이드라'는 괴물같이 위협적인 모습이었는데 경기장에서 움직이지 않았다. '아에로'라는 로봇은 다리가 4개 달려 있었으나 0점을 맞고 말았다. 다리는 역시 2개여야 했을까?

아에로의 변명

" 저는 처음부터 다리를 2개만 달아달라고 했습니다. "

4.
일본의 아시모는 3000억 원, 그 외 미국과 유럽의 인간형 로봇들도 모두 수백억 원에서 수천억 원의 개발 비용이 들었다. 휴보를 만드는 데는 얼마가 들었을까? 50억 원이다. 한국인의 특징은 '적은 돈으로 엄청난 것 만들어 내기'다. 무슨 소린지 모르겠다고? 부모님에게 물어보셔.

한국 부모님의 대답
" 이제 시대가 바뀌었습니다. 투자를 많이 해야 결과가 좋지요. 돈 많이 주세요. "

5.
현재 휴보는 전 세계로 수출되고 있다. 미국 미시간 공대, 버지니아 공대, 싱가포르 국가 연구원 등에 휴보가 팔렸다.

온전한 모습으로 비행기에 탄 휴보
" 네. 저는 지금 발 냄새를 맡지 않고 갑니다. "

재미있게 읽다 보니 더 재미있는 이런 저런 이야기

1.

2017년 7월 미국 워싱턴에서 열리는 로봇 경연대회에 참가하려던 아프가니스탄 10대 소녀 팀은 미국 입국 비자가 발급되지 않아 며칠 동안 공항에서 먹고 자야 했다. 게다가 가져 온 장비가 공항 세관에서 통과되지 않는 바람에 소녀들은 공항에서 일상용품을 사용해서 **공을 분류하는 로봇**을 만들어야 했다. 이 소녀들의 사연이 알려지자 미국은 급히 특별 비자를 주어 대회에 참가할 수 있게 했다. 아프가니스탄 소녀 팀은 '용기 있는 성취' 메달을 타고 돌아갔다.

2.

2017년 7월 17일 미국 워싱턴 DC에 있는 쇼핑몰에서 자율순찰로봇 K-5가 분수대로 추락해 멈춰 버리는 사고가 일어났다. 키 152센티미터, 몸무게 136킬로그램의 이 로봇은 수상한 사람을 발견하거나 지명 수배된 범죄자를 인식해 중앙통제센터에 알리는 일을 해 왔다. K-5는 분수대로 떨어진 뒤 작동을 멈췄다고 한다. 이날 기온이 30도 가까이 올랐는데, 아마도 시원하게 몸을 식히려고 했던 건 아닐까?

3.

미국 카네기멜론 대학의 로봇연구소는 에티켓 프로그램을 입력해 사람처럼 예의를 지키는 로봇 그레이스를 만들었다. 그레이스는 2002년 열린 미국 인공지능학회 모임에서 처음 선보였는데 회의 등록을 위해 사람들에게 정중하게 "엘리베이터가 있는 쪽이 어딘지 알려 주시겠습니까?" 하고 물었다. 그레이스는 내내 예의 바르게 행동했지만 딱 1번 실수를 했다. 줄서서 기다리는 한 여성 과학자 앞으로 새치기를 한 것이다.

심심풀이로
Q&A 풀이하기

알아 맞혀 보시오. 다음 이야기는 맞을까, 틀릴까?

Q) 영화 〈아이언맨〉의 주인공은 전자 심장 제어기를 몸 안에 넣어 생명을 유지한다. 실제로 인공 심장 박동기를 몸 안에 심는 기술이 있다. 인공 심장 박동기를 착용한 사람은 6년에 1번씩 수술을 해야 한다.

A) 맞다. 건전지의 수명 때문이다. 영화 〈아이언맨〉의 주인공은 심장 박동을 유지하는 새로운 건전지 재료를 찾아 헤맨다.

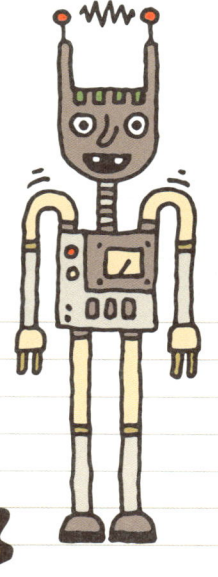

Q) 미국 카네기멜론 대학의 로봇 연구소는 풍선 로봇 베이맥스를 만들었다. 금속으로 만든 딱딱한 로봇이 아니라 공기가 들어간 커다란 튜브형 로봇이다. 배가 불룩 나와 있고 얼굴에는 동그란 눈동자 2개만 있다. 부드러운 재질로 배가 불룩 나온 베이맥스는 친근감을 주는 모습이다.

A) 맞다. 이 로봇을 만든 한국인 박용래 박사는 "부딪혀도 아프지 않은 로봇을 만들고 싶었다."고 말한다.

Q) 한 해 동안 세계에서 로봇을 사고파는 데 드는 돈은 16억 달러, 약 1조 8000억 원이다.

A) 틀리다. 한 해 동안 세계에서 로봇을 사고파는 데 드는 돈은 167억 달러, 약 18조 원이다.

서비스 로봇

일본 야마다 전기는 2016년 2월 한 달 동안 전자 제품 판매점에 고객을 상대로 하는 서비스 로봇 나비(NAVii)를 설치했다. 매장에 찾아온 사람들이 "세탁기."라고 말하면 나비가 세탁기가 있는 곳까지 안내를 해 줬다. 나비는 평일에는 1시간에 평균 3건의 안내를 했고 토요일에는 8건의 안내를 맡았다.

미국의 사비오케사가 개발한 룸서비스 로봇은 호텔 방에 찾아가 고객의 음식 주문을 받고 그 음식을 가져다주는 일을 한다. 여성 손님은 험상궂게 생긴 종업원이 혹시 강도가 아닐까 하는 의심을 하지 않아도 된다. 물론 팁을 주지 않아도 된다.

일본의 요양원에서 **간병 로봇**을 쓰는 이유는, 요양원 직원들 중 허리 통증을 앓고 있는 사람이 많기 때문이다. 어르신들을 부축하거나 안고 움직일 때, 허리에 무리가 간다. 이 때문에 요통이 생기는 것. 간병 로봇은 이들을 대신해 어르신들을 도와주기에 직원들의 허리 통증이 많이 사라졌다고 한다.

무거운 것을 쉽게 들 수 있는 착용 로봇 **머슬 슈트**를 입으면 30킬로그램을 들 때, 마치 10킬로그램을 드는 것처럼 느껴진다. 이걸 입으면 여러분의 아빠는 60킬로그램의 엄마를 20킬로그램인 것처럼 가볍게 들 수 있다.

"지금부터 고객님께 해당하는 것을 터치하세요."
일본 미즈호 은행 도쿄 지점에 가면 2015년 7월에 입사한 신입 사원 로봇 페퍼를 만날 수 있다. 페퍼는 보험 가입을 할 수 있게 도와준다. 나이와 성별 등 몇 가지 질문에 답하면 알맞은 보험을 추천해 준다. 또 오늘의 운세를 알려 주거나 간단한 게임을 같이 해 주기도 한다. 신입 사원 페퍼의 월급이 얼마인지는 아무도 모른다.

전쟁 수행 로봇에 대한 문제들

다음 중 군사용 로봇에 대한 설명 중 옳은 것은?

❶ 군사용 운반 로봇은 150킬로그램의 짐을 싣고 시속 4마일(약 6.4킬로미터)로 움직인다. 4개의 다리로 이동하는 이 로봇의 이름은 빅 피그다.

❷ 전투 로봇 수퍼 이지스2는 주변을 살펴보다가 적이 나타나면 연발탄을 발사한다. 명중률이 높은 이 로봇은 우리나라에서 만들었다.

❸ 롭헤즈는 지뢰 같은 위험한 폭발물을 제거하는 로봇인데 험한 길을 빨리 갈 수 있도록 날개가 달렸다.

❹ 팩봇 같은 로봇은 밤에도 잘 볼 수 있도록 부엉이의 눈을 이식해서 달고 다닌다.

정답 ▶▶▶ ❷ 번

❶ 틀림. 군사용 운반 로봇의 이름은 빅 독Big Dog이다. 물론 생긴 것은 돼지처럼 생겼다.

❸ 틀림. 롭헤즈는 철판이 벨트로 연결된 캐터필러(무한궤도)바퀴로 움직인다.

❹ 틀림. 팩봇은 필요할 때는 야간 투시 렌즈를 이용한다.

5장

ROBOT

상상 속의 로봇

아주아주아주 작은

아이 박사님! 아이작 아시프 작가님의 『환상적 항해』라는 작품 읽어 보셨나요?

레볼루 박사 물론이지!

아이 아, 정말 신기해요. 어떻게 사람의 몸속을 돌아다니는 초소형 잠수정을 생각할 수 있었을까요?

레볼루 박사 그러게 말이다. 뇌 수술로도 치료할 수 없는 환자인 장 베네스 박사의 몸속에 의사가 세균 크기만 한 작은 잠수정 프로테우스를 집어넣지. 잠수정은 혈관을 타고 뇌 속으로 들어가 레이저 광선으로 치료하지 않니?

아이 잠수정은 임무를 마치고 나서 환자가 흘리는 눈물을 타고 몸 밖으로 나오잖아요. 그런 일이 가능할까요?

레볼루 박사   물론이지. 지금도 나노 로봇이 실제로 활동한

단다.

아이   와우, 정말이요?

레볼루 박사   그럼…….

나노로봇 이야기

 나노 NANO 라는 말은 그리스어 나노스 NANOS 에서 나왔다. 나노스는 난장이란 뜻이다.

 나노미터는 10억분의 1밀리미터다. 이것은 원자 2~3개 정도의 크기다. 만약 원자를 10억 배 크게 하면 포도송이만 해진다. 야구공을 10억 배 크게 하면? 지구 크기가 된다.

 나노 로봇에 대해 처음 말한 사람은 20세기의 천재 물리학자 리처드 파인만 1918~1988 이다. 1959년 그는 "상상할 수 없이 작은 크기의 공장을 만들 수 있다."고 예언했다.

 미국의 소설가 닐 스티븐슨이 쓴 소설 『다이아몬드의 시대』에 나오는 나노 로봇들은 서로 전쟁을 한다. 이 로봇들은 사람의 몸에 진드기처럼 붙어서 사람을 감시하는데, 마음에 들지 않으면 폭발해 버린다. 사람은 자기가 왜 죽는지도 모르고 죽는 것이다. 헉!

2013년 우리나라 전남대학교 연구팀은 쥐를 대상으로 한 실험에서 3나노미터 크기의 나노 로봇을 개발했다. 이 로봇은 암에 도착하면 자동으로 터지면서 간직하고 있던 항암제를 암 표면에 뿌린다. 이동 속도는 평균 초속 5나노미터 가량이다. 하루 종일 움직여도 0.3센티미터 정도를 움직이는 셈이다.

2015년 미국과 영국 공동 연구팀은 역시 쥐를 대상으로 실험을 했다. 근육에 상처를 낸 뒤, 작은 나노 크기의 바늘 로봇을 만들어 근육 세포 속에 새로운 유전 물질을 전달한 것이다. 쥐의 상처는 7일 뒤에 나았다.

사람의 혈액 속을 돌아다니며 치료하는 나노 로봇은 2030년쯤 등장할 것으로 보인다.

2030년 미래의 모습

레볼루 박사는 이렇게 이야기했다.

"나노 로봇이 많이 쓰이게 될 미래의 모습은 아마도 이럴 것 같구나. 혈관 청소용 나노 로봇이 등장해서 자동차 정비공이 엔진을 수리하듯 몸 곳곳의 혈관을 깨끗하게 청소하고 손상된 곳을 치료한단다. 또 전투용 나노 로봇이 몸 안을 돌아다니다가 병을 일으키는 바이러스를 만나면 약물 총을 발사, 바이러스를 격퇴하기도 하지. 만약 바이러스가 많을 경우, 로봇의 숫자는 중대(100대), 대대(1,000대), 사단(10,000대)급 등으로 늘어날 수도 있다. 우리도 모르는 사이에 우리 몸속에서 바이러스 군단과 나노 로봇 군대가 전쟁을 벌이는 것이야."

"야! 그것 참 재미있겠네요." 택이가 말했다.

'바이오 칩 로봇'은 알약 형태로 된 캡슐 안에 들어 있다. 이걸 먹으면 사람의 몸속에서 건강 상태를 자동으로 체크해 무선으로 병원에 전송한단다. 만약 몸속의 장기가 노화됐거

나 이상이 생겨 더 이상 쓸 수 없다고 판단되면, 줄기세포로 배양한 새 장기로 대체할 수 있지. 물론 자기 자신의 줄기세포로 만든 것이지."

"그렇게 되면 우리는 병에 걸리지 않겠네요."

"교통사고나 갑작스런 일을 당하지 않는다면 무병장수할 수 있단다. 과학자들은 나노 로봇 치료 시대가 오면 인간의 수명은 150세 이상이 된다고 예언하고 있어."

"저는 한 500년쯤 살고 싶어요." 택이가 말하자 아이가 물었다.

"네가 무슨 뱀파이어냐?"

"하하하."

"택아, 생각해 보렴. 죽지 않고 무조건 오래 살기만 한다고 행복할까?"

"어, 그건……."

택이는 물론 아이, 미래도 갑자기 심각해졌다. 택이는 무릎이 아파 고생하는 할머니가 떠올랐다.

"늙으면 죽어야지……. 죽고 싶어도 못 죽어……."라고 말씀하시는 할머니가.

알고 있니? 영화 속의 로봇

5장

1. SF 영화에서 로봇이 처음 등장한 것은 1956년 미국 영화 <금지된 혹성>에서 였다. 이때는 컴퓨터 그래픽이 없었기 때문에 로봇 인형 속에 사람이 들어가서 촬영을 했다. <금지된 혹성>의 로봇은 미쉐린 타이어 상표에 나오는 것처럼 생겼다.

2. 1977년 영화 <스타워즈>에 알투디투 <R2D2>와 씨스리피오 <C3PO>라는 로봇이 나온다. 그런데 이때도 역시 사람이 로봇 모형 안에 들어가서 연기를 했다. 알투디투는 키가 1미터도 안 되었기에 키가 아주 작은 사람이 안에서 조종했고, 씨스리피오는 굉장히 날씬했기에 빼빼 마른 사람이 들어가서 움직였다. <스타워즈> 포스터에는 로봇 속에 들어가서 연기한 사람의 이름도 당당히 올라있다.

로봇 연기를 하는 건지 쓰레기통 연길 하는 건지...

난쟁이 배우 케니 베이커

어휴, 더워!

3.

1968년에 나온 〈스페이스 오디세이〉라는 영화의 주인공은 인공지능 컴퓨터 할9000이다. 할9000은 목성 탐사선 디스커버리호의 중앙 컴퓨터다. 어느 날 이후, 탐사선의 승무원들이 하나둘씩 죽어 나간다. 범인은……. 바로 할9000이었다.

4.

〈터미네이터〉에는 살인 로봇이 등장하는데, 시리즈 첫 회에서 주연을 맡은 아널드 슈워제네거는 나쁜 로봇을, 두 번째 회에서는 착한 로봇을 맡았다. 2회에서 착한 터미네이터는 나쁜 로봇들을 물리치고 사람을 구한다. 남은 이들은 모두 더 이상 기계가 인간을 지배해선 안 되길 바란다. 남아 있는 기계는 터미네이터 자신뿐이었다. 그는 인류를 위해 불꽃이 솟아오르는 용광로 속으로 스스로 사라지며 자신을 희생한다.

5장

5.

<A.I>에는 생각하고 느끼는 로봇이 나온다. <A.I>의 주인공 데이비드는 입양 로봇이다. 스윈튼 부부의 아이 마틴은 불치병에 걸려 오래 병원에 머물러 있다. 데이비드는 스윈튼 여사를 진짜 친엄마로 알고 살아간다. 어느 날, 마틴이 병이 나아 집으로 돌아온다. 데이비드와 마틴이 수영장에서 놀다가 데이비드의 실수로 마틴이 익사할 뻔하자, 스윈튼 부부는 데이비드를 로봇 폐기장에 버린다. 데이비드는 이때부터 엄마를 다시 찾으려고 눈물겨운 노력을 한다. 천신만고 끝에 데이비드는 엄마를 만난다는 이야기.

고마워! 이제 너만 가면 미션 컴플리트!

6.

2004년에 나온 영화 <아이, 로봇>에는 아이작 아시모프의 '사라진 로봇'의 한 장면이 나온다. 아시모프 소설에서 주인공이 사라진 로봇을 찾아 62대의 로봇 속을 뒤지는 모습이 영화에 나온다. 또 영화에는 아시모프가 소설에 썼던 캘빈 박사, 래닝 박사 같은 이름이 그대로 나온다.

ROBOT

사이보그 아닌가요?

택이와 미래, 아이는 영화 〈로보캅〉을 보고 있었다. 레볼루 박사가 문을 열고 들어오며 말했다.

"사이보그 영화를 보고 있구나."

"네? 사이보그…… 가 뭐죠?"

"사이보그란 뇌를 제외한 몸의 어떤 부분을 기계 장치로 바꾸어 놓은 기계 인간을 뜻한다. 1950년대부터 과학자들은 사이보그를 상상했지. 〈로보캅〉에 나오는 저 경찰 말이다. 사고로 가슴 이하의 신체를 잃고 인공 부품으로 이루어진 기계를 달고 되살아나서 활약하지 않니?"

"아! 맞아요!"

"내가 너희만 했을 때는 〈6백만 불의 사나이〉라는 사이보그가 나오는 텔레비전 드라마가 있었다. 오른쪽 눈과 오른팔, 두 다리가 기계인 사람이 주인공이었어. 굉장히 인기 있었지. 너희 부모님에게 물어보면 알 거야."

"사이보그가 진짜 있나요?"

"최근에 인공 심장이나 인공 뼈, 인공 관절 같은 장기를 실제로 사람의 몸속에 넣는 수술을 하고 있단다. 이것은 가까운 미래에 사이보그로 가기 위한 순서라고 할 수 있지."

"어! 그럼 우리 할머니도 사이보그예요." 택이가 소리쳤다.

"무슨 소리야?" 미래가 물었다.

"얼마 전에 무릎 인공 관절 수술을 받으셨거든."

"???"

로봇, 인간이 되고 싶은

레볼루 박사   지금까지 영화에 나온 로봇 중 가장 독특한 것은 〈바이센테니얼 맨〉에 등장하는 로봇 앤드류란다.

택이   어떤 로봇인데요?

레볼루 박사   앤드류는 마틴 가족에게 입양된 가사 로봇이야. 이 로봇은 설거지, 청소도 잘하고 예의 바르지. 피아노도 잘 치고 조각도 하고 못하는 게 없는 감성 로봇이기도 해.

미래   와, 대단한 로봇이네요.

레볼루 박사   문제는…… 이 로봇이 막내 딸 아만다를 사랑하면서 시작된다.

아이   아, 그렇군요(볼이 빨갛게 된다).

택이   (아이에게) 그런데 너는 왜 얼굴이 그렇게 달아오른 거니?

아이   응? 내가 뭐?

택이   사랑에 빠진 거니? 너도? 음하하하!

미래 택아! 아이를 놀리지 마.

레볼루 박사 어휴……제발 집중 좀 하렴. 로봇 앤드류는 아만다를 사랑하지만 아만다는 다른 남자와 결혼을 하지. 앤드류는 집을 떠나 이곳저곳을 방황하다 오랜 세월이 흘러 다시 돌아온단다. 이때 아만다는 이미 할머니가 된 상태야. 앤드류는 '언제나 똑같은 모습의 로봇보다는 차라리 시간이 지나면 늙어가는 인간이 되고 싶다.'고 생각하지. 그는 안드로이드가 되기로 결심한단다.

택이 와, 대단하네요. 그래서 앤드류는 인간이 되나요?

레볼루 박사 로봇이 인간이 될 수는 없지. 인간이 되고 싶어서 '최초의 로봇 인간'임을 인정해 달라고 법원에 호소하지. 앤드류는 인간이라는 결정을 내리는 판결을 받으면서 조용히 숨을 거둔단다.

아이 숨을…… 거둔다고요?

레볼루 박사 말하자면, 영원히 에너지원이 멈추게 되는 거지.

미래 아, 너무 슬퍼요. 우리가 인간이라는 게 다행이네요.

택이 인간이면 다 인간인가? 사랑해야 인간이지. 사랑하지 않으면 기계만도 못한 것을!!!

(모두 어리둥절~~~)

레볼루 박사 하하하, 택이가 오랜만에 맞는 말을 했구나.

중요한 문제

지금까지의 로봇들은 모두 로봇 3원칙을 지켰다. 사람이 만들었기 때문이다. 로봇 입장에서 보면 인간은 창조주다. 로봇은 당연히 피조물이다. 그래서 로봇은 언제 어디서든 로봇 3원칙을 지키며 인간을 보호해야 했다. 그러나 로봇 3원칙을 지키지 않아도 되는 로봇이 나타났다(물론 우리의 상상 즉, 영화 속에서). 무엇일까?

❶ 〈바이센테니얼 맨〉
❷ 〈트랜스포머〉
❸ 〈우주소년 아톰〉

정답 ▶▶▶ ❷번

'바이센테니얼 맨'과 '마징가제트'는 모두 사람이 만들었다. 〈바이센테니얼 맨〉(200년 동안 사는 사람)은 아이작 아시모프의 『200년의 사나이』에서 아이디어를 얻어서 만든 영화다. 바이센테니얼 맨은 로봇 회사에서 만든 것이다. 우주소년 '아톰'은 일본 감독 데즈카 오사무가 1952년부터 수십 년 동안 그린 만화 속 주인공으로 텐마 박사가 만들었다.

그러나 '트랜스포머'는 인간이 만든 로봇이 아니다. 외계에서 온 로봇이다. 인간으로부터 자유롭고 '로봇 3원칙' 따위를 지킬 이유도 없다. 트랜스포머가 지구에 온 까닭은 지구에 떨어진 그들의 무한 에너지를 다시 가져가기 위해서다. 이 과정에서 인류를 파괴하려는 나쁜 로봇들과 옵티머스를 중심으로 한 착한 로봇들이 대결한다. 결과는? 인류를 지키는 옵티머스 프라임과 그 친구들이 승리하고 사람과 로봇은 행복하게 잘~~~산다.

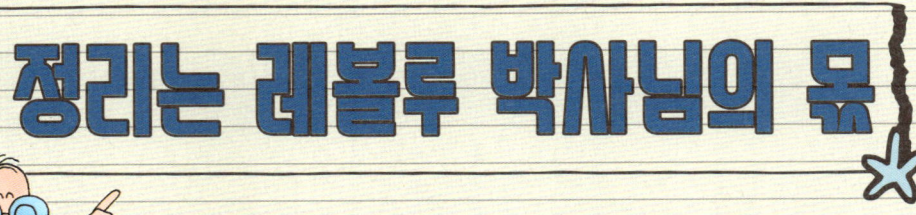

정리는 레볼루 박사님의 몫

"여러분! 로봇은 이제 우리 생활과 떼려야 뗄 수 없는 관계가 됐어요. 수십 년 전 아이작 아시모프 선생이 쓴 소설 속의 로봇들이 지금은 실제로 이용되고 있잖아요. 로봇은 인간의 상상속에서 생겨났지만 상상이 현실이 된 것이죠.

로봇에 대한 영화나 애니메이션을 만든 수많은 사람들도 처음에는 흥미 때문에 호기심 때문에 시작했어요. 사이보그, 나노 로봇, 사람을 대신한 산업용 로봇 등등 모든 것이 처음 소개됐을 때는 많은 사람들이 비웃었지요. 하지만 기술이 발달하고 과학자들의 연구 결과가 쌓이면서 점점 더 많은 로봇이 만들어지고 있어요.

우리는 로봇이 우리 일을 대신하는 4차 산업 혁명의 시대를 살고 있어요. 로봇은 처음에 우리의 손과 발을 대신하는 단순한 도구였지만 지금은 우리를 위로하고 감정을 함께 나누는 친구가 됐지요. 여러분이 자라서 어른이 되면 더 많은 로봇이 우리와 함께 생활하게 된답니다. 지금부터 여러분

은 잘 관찰하고 또 생각해야 합니다.

'몸이 불편한 우리 할머니에게는 어떤 로봇이 있으면 좋을까?'

'집에 혼자 있는 강아지와 놀아 주는 로봇을 만들 수는 없을까?'

'내가 만약 과학자라면, 매번 말라 죽는 화초를 대신 길러 주는 로봇에 어떤 기능을 넣어야 할까?'

여러분이 기발한 로봇을 생각하고 있다면 상상만 하지 말고 도화지에 그려 보세요. 여러분의 아이디어가 멋진 로봇이 될 수도 있으니까요. 물론 로봇에 대한 책도 많이 보고 동영상도 이것저것 찾아보길 바랍니다. 즐거운 마음으로요. 그렇게 하다 보면 언젠가는 사람들에게 꼭 필요한 로봇을 만드는 데 여러분이 도움이 될지도 몰라요."

"안녕~ 다음 편에 만나요."

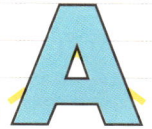
인공지능 전문가 :
경제, 의료, 산업 등의 분야에 필요한 인공지능을 개발한다.

로봇설계 기술자 :
로봇을 주문한 사람이 원하는 대로 로봇의 내부를 설계한다. 다양한 사용자의 요구 및 사용 환경에 맞는 로봇의 기구 (하드웨어)를 설계

무인화/자동화 로봇 기술자 또는 이 분야의 연구원 :
인간을 대신해서 작업을 하는 로봇을 개발한다. 드론이나 무인자동차, 청소 로봇 등을 만든다.

휴먼-로봇 기술자 :
사람을 대하는 로봇을 만드는 전문가가 되어 휴머노이드 로봇을 제작한다.

구조 로봇 전문가 또는 스포츠 로봇 엔지니어 :
로봇 경쟁 대회나 로봇 스포츠 대회에 출전하여 좋은 성적을 올리고 상금도 받는다.

로봇 매카닉/로봇 AS 전문가 :
고장 난 로봇을 수리하거나 로봇의 단점을 개선해 준다.

앞에서 설명한 것처럼 로봇과 관련 있는 일을 하기 위해서는 대학의 로봇공학과, 기계공학과, 휴먼지능 로봇공학과, 기계로봇 에너지공학과, 컴퓨터공학과 등을 졸업해야 한다. 수학과 영어는 로봇과 관련 있는 공부를 하려면 필수!

*직업 및 진로는 상명대 휴먼지능로봇공학과 홈페이지 참고

*참고 문헌

구본권, 로봇 시대 인간의 일, 어크로스 2015.

김문상, 로봇이야기, 살림, 2005.

봄봄 스토리, 브리태니카 만화 백과, 로봇, 미래엔, 2016.

0·이작 아시모프, 김옥수 옮김, 우리교육 2008.

안병욱, 로봇을 향한 열정 일본 애니메이션, 살림, 2009.

오은, 너는 시방 위험한 로봇이다, 살림, 2009.

전승민, 휴보, 세계 최고의 재난구조로봇, 예문당, 2017.

카렐 차페크, 김경희 옮김, 로숨의 유니버설 로봇, 그레이트 북스, 2011.

한스 모라벡, 박우석 옮김, 김영사, 2011.

Foreign Copyright:
Joonwon Lee
Address: 127, Yanghwa-ro, Mapo-gu, Chomdan Building 6th floor,
            Seoul, Korea
Telephone: 82-70-4345-9818
E-mail: jwlee@cyber.co.kr

어린이를 위한 지(知)테크 시리즈
4차 산업혁명 편 01 로봇

2018. 02. 19. 1판 1쇄 인쇄
2018. 02. 26. 1판 1쇄 발행

글 | 명로진
그림 | 이우일
펴낸이 | 이종춘
펴낸곳 | BM 주식회사 성안당
주소 | 04032 서울시 마포구 양화로 127 첨단빌딩 5층(출판기획 R&D 센터)
       10881 경기도 파주시 문발로 112 출판문화정보산업단지(제작 및 물류)
전화 | 02) 3142-0036
       031) 950-6300
팩스 | 031) 955-0510
등록 | 1973. 2. 1. 제406-2005-000046호
출판사 홈페이지 | www.cyber.co.kr
ISBN | 978-89-315-8216-1 (74500)
       978-89-315-8215-4 (세트)
정가 | 12,000원

이 책을 만든 사람들
기획·편집 | 백영희
교정 | 조혜정
표지·본문 디자인 | 글자와 기록사이
홍보 | 박현주
국제부 | 이선민, 조혜란, 김해영
마케팅 | 구본철, 차정욱, 나진호, 이동후, 강호묵
제작 | 김유석

이 책의 어느 부분도 저작권자나 BM 주식회사 성안당 발행인의 승인 문서 없이 일부 또는 전부를 사진 복사나 디스크 복사 및 기타 정보 재생 시스템을 비롯하여 현재 알려지거나 향후 발명될 어떤 전기적, 기계적 또는 다른 수단을 통해 복사하거나 재생하거나 이용할 수 없음.

◆도서 A/S 안내

성안당에서 발행하는 모든 도서는 저자와 출판사, 그리고 독자가 함께 만들어 나갑니다.
좋은 책을 펴내기 위해 많은 노력을 기울이고 있습니다. 혹시라도 내용상의 오류나 오탈자 등이 발견되면 "좋은 책은 나라의 보배"로서 우리 모두가 함께 만들어 간다는 마음으로 연락주시기 바랍니다. 수정 보완하여 더 나은 책이 되도록 최선을 다하겠습니다.
성안당은 늘 독자 여러분들의 소중한 의견을 기다리고 있습니다. 좋은 의견을 보내주시는 분께는 성안당 쇼핑몰의 포인트(3,000포인트)를 적립해 드립니다.
잘못 만들어진 책이나 부록 등이 파손된 경우에는 교환해 드립니다.